## balades à pied
### et à VTT

Association
pour le développement
de la randonnée
dans le Massif central

5, rue Pierre-le-Vénérable
BP 436
63012 Clermont-Fd Cedex 1

**Tour de pays et circuits de week-end**

# Tours en Livradois-Forez

*Au pays de Gaspard des Montagnes*

*une terre à parcourir
un espace à partager*

1ère édition

2

A Bostfranchet, près de Saillant. -MS-

# SOMMAIRE

Répertoire des circuits et hébergement sur le tour de pays.... *rabat I*
Carte illustrée des itinéraires ................................. *rabat II et couv. II*
Conseils et renseignements pratiques ......................................... *4*

## DES HOMMES ET DES PAYSAGES
A l'est de l'Auvergne ............................................................. *9*
Dix siècles d'industrie ......................................................... *12*
L'origine des reliefs ............................................................. *15*
Pays, paysages ................................................................... *18*

## AU PAYS DE GASPARD DES MONTAGNES
Tour de pays en 7 étapes ..................................................... *23*

## CIRCUITS DE WEEK-END
Circuits 1 à 5 ....................................................................... *65*

## DES SAVOIR-FAIRE, DES SAVOIR-VIVRE
La construction d'une maison en pisé .................................. *38*
Du lacet aux produits pour la haute technologie :
la tresse ............................................................................... *46*
Tout un pays autour du couteau ..........................................*100*
La ferme du Livradois..........................................................*106*

LE PARC NATUREL RÉGIONAL LIVRADOIS-FOREZ .................*107*
BOUCLE DORE .....................................................................*108*

Index ................................................................................. *110*
Bibliographie ..................................................................... *111*
Ressources des communes ........................ *couv. III et rabat III*
Symboles et légendes ........................................... *rabat IV*
Hébergements sur les circuits de week-end................. *rabat III*

*Sur le week-end 1, entre Chavarot et Chelles-Hautes. -PE-*

**N'OUBLIEZ PAS :**
La cueillette des fleurs, des petits fruits et des champignons est réglementée.
Les fouilles clandestines sont interdites.
Le respect du patrimoine bâti et artistique s'impose.
De nombreuses zones du Livradois-Forez, notamment les Hautes Chaumes, présentent un intérêt écologique, faunistique et floristique majeur. Respectez-les... elles sont aussi très fragiles.

*L'église de Chaméane, sur la boucle de week-end 2. -ND-*

Que vous soyez un randonneur assidu, un promeneur occasionnel ou tout simplement curieux de mieux connaitre le Livradois-Forez, nous vous conseillons vivement la lecture de la présente rubrique. Les renseignements qu'elle contient vous seront très utiles pour exploiter cet ouvrage et profiter pleinement de vos promenades à la découverte d'une grande variété de sites et de paysages.

# CONSEILS ET

## UTILISATION DU GUIDE ET PRATIQUE DU TERRAIN

L'organigramme présenté en 2e de couverture et la carte des itinéraires en rabat II de couverture vous permettent de sélectionner l'une de nos six propositions de randonnée.
Le temps de marche, fourni en tête de chaque étape et de chaque tronçon, est donné à titre indicatif, calculé selon une marche effective à 3,5 km par heure en tenant compte toutefois des difficultés (montée, descente, etc.) du terrain, mais **n'incluant pas le temps réservé à la pause et aux arrêts.**
La légende figurant sur le rabat III de couverture présente le système de balisage, utilisé pour ces Tours en Livradois-Forez.
Parfois sur le terrain, certains tronçons d'étape empruntent des itinéraires déjà balisés (bleu, jaune ou vert pour des circuits de petite randonnée - PR ; blanc et rouge pour les chemins de grande randonnée - GR). Ce double voire triple balisage est signalé en tête ou en cours du descriptif du tronçon concerné, **mais seul le balisage vert et blanc doit vous guider.**

Aussi, pour effectuer votre randonnée dans de bonnes conditions, trois éléments doivent vous guider ; ce sont chronologiquement :
    1 - le balisage vert et blanc et toute signalisation sur le terrain s'y référant ;
    2 - la cartographie ;
    3 - la description de l'itinéraire.
**Le balisage** tenant compte d'éventuelles modifications sur le terrain au fil des années **doit toujours être l'élément premier du repérage.** La carte et la description du circuit n'interviennent que dans un deuxième temps, faute de balisage ou s'il y a des difficultés à trouver le bon chemin.

Pour chaque étape ou liaison, un encadré où apparaissent les rubriques «**Voir et Savoir**» et «**A proximité**» regroupe les principales caractéristiques de l'étape, en particulier celles concernant : l'environnement naturel (flore, faune, géologie...), le patrimoine, les curiosités et les grands sites naturels ou bâtis, etc.

Les étapes sont décrites dans un seul sens (voir fléchage sur la carte en 2e de couverture et cartes de tronçons au sein de chaque étape ou liaison) ; toutefois **le balisage autorise un parcours dans les deux sens** (voir sur le rabat III de la couverture).

## ACCÈS AUX ITINÉRAIRES

Le point de départ de chaque étape est accessible aux véhicules avec possibilité de stationnement.
Certaines étapes sont desservies par des services de cars. Seule la boucle de week-end n° 3 est desservie par le train (gare de Céaux-d'Allègre). Se renseigner auprès de la SNCF avant le départ.

## LES HÉBERGEMENTS

Les itinéraires proposés ont été conçus et décrits, entre autres, en fonction des hébergements. Aussi, à l'issue de **chaque étape**, vous trouverez au moins **un hôtel** ou un **gîte d'étape** et dans quelques cas **un camping** à votre disposition.
Un état complet des hébergements vous est donné sur la carte générale des itinéraires en 2e de couverture ; et à chaque fin d'étape, à l'issue du descriptif du circuit, les possibilités d'hébergement et de restauration sont répertoriées. Ces informations sont aussi disponibles dans le descriptif lorsqu'elles existent au fil de l'étape ; elles sont exactes à la date de parution du topo-guide.

# RENSEIGNEMENTS PRATIQUES

- **gîtes d'étape :** la réservation des places est vivement conseillée et reste obligatoire pour les groupes de six personnes et plus. Elle peut se faire à la centrale de réservation de CHAMINA pour bon nombre d'entre eux. La liste mise à jour des gîtes d'étape paraît chaque année dans le Colporteur, catalogue de randonnée dans le Massif central disponible notamment contre frais d'envois à CHAMINA (voir adresse et numéro de téléphone p.6).
- **les chambres d'hôtes :** leur réservation est indispensable. Les coordonnées téléphoniques sont fournies avec le descriptif du tronçon concerné.
- **les hôtels :** là encore, la réservation d'une chambre est recommandée. Pour obtenir les coordonnées des établissements, s'adresser aux offices de tourisme ou aux syndicats d'initiative (p.6).
- **le camping :** des terrains de camping aménagés existent sur les itinéraires. Le camping sauvage est réglementé par des arrêtés préfectoraux et communaux. On aura donc soin de se renseigner auprès des services compétents et dans tous les cas d'obtenir l'accord du propriétaire du terrain avant de monter sa tente.

## PÉRIODES A ÉVITER

- **A cause de l'enneigement**, certains circuits ne sont en général pas praticables en hiver, notamment au-dessus de 1 000 m d'altitude ( haut Livradois et Forez).

## MISES EN GARDE

Nous rappelons que **les itinéraires proposés sont à parcourir à pied et éventuellement à VTT.** Par contre, ils ne peuvent en aucun cas être considérés comme des voies de passage pour engins motorisés. Certains tronçons d'étape traversent des propriétés privées (voir ci-contre les recommandations destinées aux vététistes). Toute détérioration ou atteinte au droit de propriété entraînera l'annulation de ce droit de passage et par là même la suppression des itinéraires.
N'oubliez pas que **vous randonnez à vos propres risques, et que vous êtes responsables des accidents qui pourraient survenir à vous-même, ou au préjudice d'un tiers du fait du non respect de ces recommandations.**

## RESPECT DU MILIEU

Les itinéraires empruntent la plupart du temps des chemins ruraux et traversent parfois des forêts et des pâturages. Les randonneurs sont invités à **suivre impérativement les conseils suivants :**
- Dans le cas où il n'existe pas de dispositif spécial pour franchir les clôtures (barrières amovibles à refermer absolument, escabeaux, etc.), passer sous les barbelés mais ne jamais les escalader.
- Respecter les prairies, les cultures. Ne pas effrayer les troupeaux.
- Penser au stationnement gênant, même les dimanches et jours de fêtes : entrée de chemins, de champs, de fermes.
- Pour des raisons esthétiques, mais aussi sanitaires, **ne pas abandonner de détritus ;** utiliser les poubelles prévues à cet effet ou **les emporter.**
Une négligence de ces conseils pourrait entraîner le refus légitime de laisser à l'avenir certains chemins ouverts aux randonneurs.

## ÉQUIPEMENT

Quelles que soient l'altitude, la situation des itinéraires ou la période de l'année, il est conseillé de **se munir de vêtements adaptés à la marche et aux différentes situations :** froid, vent, pluie, neige, fortes chaleurs et orages. De bonnes chaussures permettent de faire face à toute situation inhérente à la nature ou à l'état des chemins, et ceci en toute saison.

## VÉLO-TOUT-TERRAIN (VTT)

### PRÉSENTATION
Nous avons indiqué le niveau de difficulté pour chaque étape. Quelquefois, nous proposons des variantes, parfois obligatoires à VTT, et cela pour plusieurs raisons : sécurité (passages dangereux, inaccessibles à vélo), difficultés particulières, protection du milieu, terrain privé sur lequel seul un passage pédestre est autorisé.

### DURÉE ET DÉNIVELÉE CUMULÉE
Les temps indiqués à VTT sont donnés pour un vététiste de niveau moyen. Ils tiennent compte de la longueur, de la dénivelée et des difficultés du circuit. La dénivelée cumulée (~) correspond à la somme des dénivelées positives du circuit.

### NIVEAU
La cotation établie dans ce guide s'applique également à un vététiste de niveau moyen (ni débutant ni sportif chevronné). Elle tient compte de la longueur du circuit, de l'état du chemin, du profil, des dénivelées...
- très facile  • facile  • difficile  • très difficile  • déconseillé  • impraticable
- interdit.

Dans le cas d'un passage déconseillé ou interdit (propriété privée) la cotation est donnée pour la variante proposée.
**Les cotations VTT sont rappelées sur le rabat IV de la couverture.**

### DIFFICULTÉS
Caractéristiques particulières du circuit : montée  • descente  • portage  • poussette.

### VARIANTE
Une variante permet d'éviter un tronçon impraticable ou interdit (propriété privée) pour les VTT.

### AVERTISSEMENT
Ce topo-guide est avant tout destiné aux randonneurs pédestres. Il ne doit en aucun cas être considéré comme un ouvrage s'adressant spécifiquement aux vététistes.
Sur le terrain, ceux-ci auront le souci de ralentir lorsqu'ils rencontreront d'autres randonneurs, de contrôler leur vitesse dans les descentes, de respecter les recommandations faites page 5 concernant le milieu naturel.

# CONSEILS ET

### COMITE DEPARTEMENTAL DE LA RANDONNÉE HAUTE-LOIRE

Créé en 1979, le COMITÉ DÉPARTEMENTAL DE LA RANDONNÉE, service annexe du Conseil Général, rassemble les responsables départementaux de la grande et de la petite randonnée pédestre, de la randonnée nordique et de la randonnée équestre. Il est le représentant de la F.F.R.P. en Haute-Loire.

Chaque année, avec l'aide des offices de tourisme, syndicats d'initiative, municipalités et autres associations, il procède à la création d'itinéraires pédestres balisés de petite randonnée, de quelques heures à un week-end ; il équipe ces itinéraires de panneaux directionnels ; il élabore et édite des guides topographiques de PR balisées (33 à ce jour), des guides cyclotouristiques (2), des guides équestres (2), des guides de longue randonnée pédestre (exemple : «Sur les chemins de Saint-Jean-François Régis», versions française et anglaise, et «Robe de bure et cotte de mailles», parution été 1994) ; il implante des gîtes d'étape (33 à ce jour) ; il fait respecter la réglementation du balisage en vigueur à l'échelon départemental depuis 1976 ; il assure enfin la promotion de toutes les formes de randonnée non motorisée.

On compte actuellement en Haute-Loire : 300 circuits de PR balisées (soit 2 750 km) ; 700 km de sentiers de grande randonnée pédestre balisés ; 193 km concernant le circuit de Saint-Jean-François Régis, entre le Puy-en-Velay et Lalouvesc ; 180 km concernant le circuit «Robe de bure et cotte de mailles», entre La Chaise-Dieu et Pébrac ; 750 km de sentiers équestres balisés.

Tous documents peuvent être obtenus auprès du C.D.R. (voir coordonnées ci-dessous) sur simple appel téléphonique (listes des publications, des gîtes d'étape, dépliants, etc.).

Relais départemental du Tourisme et de la Culture – 12, boulevard Philippe-Jourde – BP 198 – 43005 LE PUY-EN-VELAY CEDEX – Tél. 71.05.56.50 – Télécopie 71.05.40.11.

### CENTRE INTERRÉGIONAL CENTRE-EST
8, avenue Condorcet
69100 Villeurbanne
Tél. 78.93.83.39 – Télécopie : 72.44.93.54

**Les cartes aux Trésors**
Les fonds de cartes sont des reproductions des cartes de l'Institut Géographique National (IGN) :
• Série orange au 1/50 000e : nos 2630 à 2634 - 2730 à 2734 - 2832 - 2833.
Autorisation n° 50-5021 – © IGN 1995

## ADRESSES UTILES

**Chamina** – 5, rue Pierre-le-Vénérable – BP 436 – 63012 CLERMONT-FERRAND CEDEX 1 – Tél. 73 92 81 44 – Fax 73 91 62 24.
**Parc Naturel Régional Livradois-Forez :** Saint-Gervais-sous-Meymont – 63880 OLLIERGUES – Tél. 73 95 57 57 - Fax 73 95 57 84
**CDT Puy-de-Dôme** – 24, rue Saint-Esprit – 63038 CLERMONT-FERRAND CEDEX 1 – Tél. 73 42 21 23.
**CDT Haute-Loire** – 12, bd Philippe-Jourde – BP 198 – 43005 LE PUY-EN-VELAY CEDEX – Tél. 71 09 66 66.
**CRT Auvergne** – BP 395 – 63011 CLERMONT-FERRAND CEDEX – Tél. 73 93 04 03.
**CDR Haute-Loire** – 12, bd Philippe-Jourde – BP 198 – 43005 LE PUY-EN-VELAY CEDEX – Tél. 71 05 56 50.

### OFFICES DE TOURISME ET SYNDICATS D'INITIATIVE
• **Puy-de-Dôme**
AMBERT-EN-LIVRADOIS : 4, place de l'«Hôtel de Ville» - 63600 Ambert-en-Livradois - Tél. 73 82 61 90.
COURPIÈRE : place de la Libération - 63120 Courpière - Tél. 73 51 20 27.
CUNLHAT : place du Marché - 63590 Cunlhat - Tél. 73 72 26 33 ou 73 72 20 93.
OLLIERGUES : Mairie - 63880 Olliergues - Tél. 73 95 50 26.
ST-AMANT-ROCHE-SAVINE : Mairie - 63890 St-Amant-Roche-Savine - Tél. 73 95 70 22.
ST-ANTHÈME : 63660 Saint-Anthème - Tél. 73 95 47 06.
THIERS : Château de Piroux - Place Piroux - 63300 Thiers - Tél. 73 80 10 74.
LE VERNET-LA-VARENNE : le Bourg - 63580 Le Vernet-la-Varenne - Tél. 73 71 39 76 ou 73 71 31 21.
• **Haute-Loire**
ALLÈGRE : rue du Mont Bar - 43270 Allègre - Tél. 71 00 72 52.
LA CHAISE-DIEU : place de la Mairie - 43160 La Chaise-Dieu - Tél. 71 00 01 16.

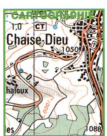

Pour préparer vos balades, imaginer des variantes ou élaborer vous-même vos itinéraires, vous pouvez consulter les documents suivants :
• Cartes Michelin au 1/200 000e : nos 73 et 76.
• Carte IGN, série Top 250 au 1/250 000e : n° 111, *Auvergne*.
• Carte IGN, série «Découvertes Régionales» au 1/100 000e : *Parc Naturel Régional Livradois-Forez*.
• Cartes IGN, série verte au 1/100 000e : nos 43 et 50.
• Cartes IGN, série bleue au 1/25 000e : nos 2630 ouest à 2634 ouest - 2630 est à 2634 est - 2730 ouest à 2734 ouest - 2630 est à 2634 est - 2730 ouest à 2734 ouest - 2730 est à 2734 est.

*Sur la grille du château des Grimardies.-PE*

# RENSEIGNEMENTS PRATIQUES

## DES RANDONNÉES...

**GR** • GR 3 (sentier de la Loire) balisé sur le terrain, mais non édité actuellement par la FFRP
Un projet de topo-guide est en cours d'étude en 1995.

**PR** ■ Dans la collection PR Massif central, CHAMINA a édité en 1994 *Monts du Livradois-Forez*, un ouvrage décrivant 60 balades à pied et à VTT : voir rabat IV de couverture.

■ Nombre de communes concernées par ce topo-guide proposent des promenades à pied ou à VTT, répertoriées dans des brochures ou des dépliants locaux. Renseignez-vous auprès des mairies et des syndicats d'initiative.

■ Le Comité départemental de la Randonnée de la Haute-Loire a édité plusieurs pochettes regroupant de nombreuses PR (coordonnées p. 6).

L'association CHAMINA a été créée en 1974. Son premier objectif fut d'aménager des gîtes d'étape sur les sentiers de Grande Randonnée (GR) de l'Auvergne et du Limousin.
Devant le succès remporté par ce type d'hébergement, elle a conçu un programme d'implantation de gîtes d'étape sur l'ensemble des 17 départements du Massif central, programme «Par Monts et Merveilles» dont elle a coordonné la réalisation avec des associations locales. Elle étendit son action à l'ensemble de la randonnée non motorisée (à pied, à vélo, à ski, à cheval, en canoë). Pour cela, elle s'intéressa aux problèmes posés par ces modes de loisirs en vue de leur intégration dans le cadre de l'aménagement du territoire, du tourisme diffus, de l'économie locale : relations avec les administrations, les élus, les autres associations, défense des chemins et des paysages, recherche de moyens pour la promotion de ce mode de découverte et sa démarginalisation.

Dans cette optique, CHAMINA s'est structuré en vue de :
• **Promouvoir** la randonnée et les activités de loisirs.
• **Renseigner** et informer tous ceux qui souhaitent découvrir nos régions, par la mise en place d'un **centre d'information** permanent sur la randonnée dont le support est «Le Colporteur», catalogue annuel de la randonnée dans le Massif central.
• **Se mettre au service** et collaborer avec les élus, administratifs, associatifs et les divers organismes intéressés par son action et voulant utiliser ses compétences (conseils, assistance, signalisation, études et aménagements...).
• **Éditer** une collection de guides de randonnées, d'ouvrages thématiques et de plaquettes sur des entités locales. Toutes les éditions ayant pour objet de permettre une approche originale de nos pays et de mettre en exergue leurs différentes composantes.
• **Élaborer et commercialiser** des produits de randonnée et des séjours en France et à l'étranger (Agence de voyages Chamina-Sylva).

Ne voulant ignorer aucun aspect de la réalité, CHAMINA a pour objectif de situer la randonnée dans le contexte élargi du tourisme, des loisirs et de l'économie régionale en intégrant les dimensions culturelles et le respect de l'environnement, et faire que la randonnée soit, au-delà d'une activité ludique ou de loisirs, une véritable «image de marque».

## RÉALISATION

La mise en place des circuits de Grande Randonnée et la réalisation de ce guide sont le résultat d'un important travail collectif qui a été possible grâce à une collaboration entre le Parc Naturel Régional Livradois-Forez, le CDR de Haute-Loire, Chamina et des partenaires locaux (CDT, communes, associations, OT/SI, etc.). Nous remercions le CDR de la Haute-Loire pour son apport en industrie.
• Pour la création et la matérialisation des circuits : **Norbert DUTRANOY, Pascal COUÉ, Didier AUDINET, Didier JACQUET** et l'association «Coup de main», **Gilles TERRIER** et **les Amis de Chamina**.
• Pour la réalisation du topoguide :
**Pierre ENJELVIN**, auteur, naturaliste-photographe – **Pierre MAZATAUD**, géographe – **Jean-Jacques PÉRICHAUD**, ancien géologue du BRGM – **Jean-Louis BOITHIAS**, ethnologue – **Michel BOY**, professeur agrégé d'université et auteur de plusieurs ouvrages – Service régional de l'Inventaire-Auvergne (**Brigitte CERONI** et **Marceline BRUNET**) – **Mauricette FOURNIER**, docteur en géographie – **Chantal LAMESCH** – **Luc BREUILLÉ**, architecte du PNRLF et fondateur du conservatoire des Paysages d'Auvergne – **Serge CHALEIL** et **Éric SOURP** du PNRLF. Le texte p. 34-35 est extrait de l'édition 1982 du guide PR «Livradois et Forez».
Nous remercions pour leur collaboration les animateurs du PNRLF ainsi que **Marc PRIVAL**, historien.
Ont également participé à ce guide : **Sylviane BARTHOMEUF**, photocomposition – **Thierry DESCAMPS**, relecture – **Samuel CHARDON, Bernard DEUBELBEISS, Anne GUILLEMAIN** et **François PUZENAT**, dessins et cartographie.
Secrétariat d'édition et mise en pages : **Pierre ENJELVIN, Anne GUILLEMAIN** et **Michèle CLOUVEL**.
• Photos (repérées au fil des pages par les initiales de leurs auteurs) : DA : **Didier AUDINET** – MA : **Michel AGON** – JLB : **Jean-Louis BOITHIAS** – CC : **Christophe CAMUS** – JC : **Jérôme CHABANNE** – DD : **Dominique DAIN** – ND : **Norbert DUTRANOY** – PE : **Pierre ENJELVIN** – CG : **Christian GUY** – LUTRA : **Photothèque LUTRA** – HM : **Hervé MONESTIER** – PNRLF : **Parc Naturel Régional Livradois-Forez** – MS : **Marc SAGOT** – CT : **Christian TIJOU**.
• Mise en pages P.A.O. : **Marylin GALVAING**.
• Photogravure : **SOTIS**, Chamalières.
• Couverture : **Atelier VICE VERSA**, Clermont-Ferrand.
• Impression : **CORLET**, 14110 Condé-sur-Noireau.
• Montage de l'opération, coordination générale et direction de collection : **Christian TIJOU**.
• Cette opération a été réalisée avec la participation financière du Conseil Général du Puy-de-Dôme, du Conseil Régional d'Auvergne, du FIDAR Régional Auvergne, du PNRLF (fonds européens LEADER) et d'un autofinancement Chamina.

# DES HOM

## A L'EST DE

*Une jasserie à Montcodiol,
entre le col des Supeyres et Saint-Anthème. -PE / LUTRA-*

# MES ET DES PAYSAGES

**L'AUVERGNE ■ DIX SIÈCLES D'INDUSTRIE ■ L'ORIGINE DES RELIEFS ■ PAYS, PAYSAGES**

Prudence devant les cartes !
A l'est, les limites du Parc Livradois-Forez
et celles de la région Auvergne se chevauchent
et semblent accréditer l'existence
d'une frontière majeure courant
le long d'une crête escarpée ;
au-delà commencerait un autre monde.
Pourtant, jusque vers le milieu du siècle, gens d'Auvergne
et gens du «Feurais» se mêlaient l'été sur ces hauts pâturages.
La longue tradition industrielle des pays d'Ambert et de Thiers
ne se comprendrait pas sans référence au modèle de la «fabrique lyonnaise».
Plus récemment, Stéphanois et Lyonnais, avant même l'autoroute,
ont multiplié des résidences secondaires
dans ce qu'ils considèrent comme la banlieue lointaine de leur métropole.
En revanche, la rivière d'Allier, que les cartes nous présentent
comme l'axe de drainage de l'Auvergne, fut longtemps
une coupure majeure. Lorsqu'ils ont fait construire
le robuste pont de pierre de Pont-du-Château,
les intendants du XVIII$^e$ siècle ont dû éprouver
les émois des grands hommes qui désenclavèrent la région.
Mais, aujourd'hui encore, le contraste des paysages subsiste.
A l'ouest de l'Allier, l'Auvergne plantureuse
des terres noires, de la grande agglomération clermontoise
entourée de coteaux, dominée et protégée par les volcans.
A l'est de l'Allier, une autre Auvergne, plus pauvre,
ou plutôt plus appauvrie, plus méprisée parfois, plus abandonnée souvent,
mais, tout bien pesé, plus authentique parce que plus discrète
et cependant tout aussi ouverte au monde,
comme en témoigne le renom international de Thiers :
c'est l'Auvergne du Parc Livradois-Forez.

## A L'EST DE L'AUVERGNE
Pierre MAZATAUD

## Le souvenir du «grand pays des paysans»

Surprise ! Pendant longtemps, les hommes se sont accrochés avec plus d'ardeur et d'obstination sur les pentes et les dos de pays du pauvre Livradois que sur les riches terroirs de la Limagne. Au milieu du XIX$^e$ siècle, la densité humaine s'est élevée à des niveaux que nous avons peine à imaginer.

On trouvait alors presque toute la nourriture d'une famille sur quelques minuscules parcelles. La mise en valeur, commencée plus tard qu'ailleurs en Auvergne, avait été poussée à l'extrême. Le sapin et le hêtre avaient été relégués à plus de 1 000 m d'altitude. Pour subsister, les autres arbres avaient dû justifier leur utilité en fournissant l'huile (de noix et sur-

*Pierre MAZATAUD est un géographe attentif au poids des mentalités régionales et des cultures d'entreprises. On lui doit notamment une Géopolitique de l'Auvergne aux Éditions Fayard-Créer. Il a coordonné le Guide Bleu d'Auvergne aux Éditions Hachette.*

*Survivance du «grand pays des paysans», la montée à l'estive du troupeau de moutons en juin 1994. -CC-*

tout de faînes), la nourriture des hommes et des bêtes (glands). Et ce n'était qu'une simple tolérance ! Vers 1840 un agronome jubilait en croyant proche le temps où il n'y aurait plus d'arbres sur le Livradois. Ces paysans étaient parvenus à la maîtrise complète d'une nature où leurs jardins formaient un paysage idéal : quelques symboles des pays plantureux parvenaient même à se fixer sur ces pauvres maisons de pisé ou de granite : ainsi cette galerie extérieure où grimpait un pied de vigne. A la vérité, il fallait compléter ce qu'on retirait de ces quelques hectares de terres médiocres. Ces ruraux industrieux ne subsistaient qu'en trouvant d'autres ressources. Thiers et Ambert fournissaient du travail à la campagne, partout où dévalaient les torrents sur les pentes du Forez. Toute exploitation du Livradois avait son métier à tisser, son «oubradou». La main-d'œuvre attirait la fabrique et la fabrique maintenait les fortes densités humaines. (A. Fel)

Le souvenir de cette vie intense persiste et stimule les rêves et aussi les espoirs. Henri Pourrat, l'homme de la tradition, avait souhaité la diffusion de l'électricité pour sauver l'atelier rural. Est-il plus utopique de penser aujourd'hui à ce que pourrait apporter le télétravail ?

### La richesse d'hier a hypothéqué l'avenir

C'est parce qu'on trouve tant de traces du «grand pays des paysans» que s'accentue l'impression de vide. Aux migrations saisonnières traditionnelles (scieurs de long, etc.), aux départs des plus aventureux, depuis le XVIe siècle, vers le Dauphiné, l'Italie ou la Turquie, a succédé, à partir de la fin du XIXe siècle, un vidage systématique. Il fut d'autant plus efficace que ces pays se sont trouvés entre deux pôles d'attraction très forts et très proches qui ont conjugué leurs effets de pompes aspirantes : la région lyonnaise et stéphanoise d'une part et, d'autre part, l'agglomération clermontoise, lorsqu'après la Grande Guerre, Michelin a élargi son aire de recrutement.

Les chances d'arrêter cette hémorragie se sont présentées, mais les anciennes structures n'ont pas permis de les exploiter pleinement. L'Auvergne orientale a faiblement bénéficié des décentralisations stratégiques. Elles furent déterminantes dans l'Auvergne occidentale, dans les Combrailles, où, dès 1917, l'aciérie des Ancizes a pu apporter l'aisance à une autre région granitique, pourtant deux fois moins peuplée. Elles furent essentielles dans le Val d'Allier (Ducellier dès

---

**En 1846, on dénombrait 235 000 habitants dans les limites de l'actuel parc Livradois-Forez ; en 1990, un peu moins de 100 000. Si tous ceux qui ont migré avaient renoncé à leur départ et avaient procréé dans les mêmes conditions que ceux qui sont restés la population serait de 450 000 personnes.**

**LE FABRICANT NE FABRIQUAIT RIEN,** mais approvisionnait, suivait la matière d'œuvre qui se valorisait d'atelier en atelier, de village en village et commercialisait jusqu'au bout du monde des produits de bon usage. Ainsi, le fabricant-coutelier faisait venir l'acier du Dauphiné ou de Saint-Étienne. Il recourait successivement aux ouvriers d'une quinzaine de «rangs» (forgerons, émouleurs, polisseurs, monteurs, etc.) qui travaillaient dans des ateliers dispersés.

1938, métallurgie de l'aluminium en 1940 à Issoire). A l'est, seule l'usine de Roussel-Uclaf, spécialisée dans les produits de base de l'industrie pharmaceutique, a été repliée à Vertolaye en 1940. Marcel Dassault avait conçu le projet d'une grande unité aux portes de Thiers. Ce fut un échec si douloureux pour l'industriel que ses familiers évitaient de citer le nom de Thiers en sa présence. La greffe s'était révélée impossible. Et cependant, au début du siècle, on recensait 15 000 ouvriers à Thiers quand on en comptait à peine 4 000 à Clermont-Ferrand. Mais les mentalités n'étaient pas prêtes pour passer de l'artisanat ou de la petite manufacture familiale à la grande industrie concentrée. Tout ce qui subsistait de l'ancienne organisation de la fabrique, de l'esprit des grandes communautés rurales, a freiné les initiatives extérieures.

La trop grande richesse humaine d'hier n'a pas permis non plus au pays de tirer parti des départs des paysans pour constituer des exploitations agricoles viables. En trop partageant le sol d'hier, on a hypothéqué l'avenir. Les agriculteurs se sont raréfiés, mais les propriétaires sont restés aussi nombreux et ils envisagent difficilement de louer, de vendre ou d'échanger. De là le triomphe de la forêt en timbre-poste. La forêt ferme les paysages et menace tous les terroirs. Dans les clairières qui se rétrécissent le découragement germe chez les plus téméraires. Et ces bois ne constituent qu'une bien médiocre richesse : l'exploitation est difficile en raison du parcellaire : il faut former des bûcherons ; la concurrence des résineux des pays du Nord fait chuter les cours, tandis que les industries d'aval (surtout des scieries) sont souvent affaiblies.

Une autre chance n'a pas été exploitée. La vallée de la Dore traverse des pays qu'elle n'unit pas. Rien n'a vraiment vertébré l'ensemble de l'Auvergne orientale. Le chemin de fer a

*(suite page 14)*

> **LA COUPURE ENTRE LE PAYS DE THIERS ET CELUI D'AMBERT** est une des plus fortes qu'on puisse trouver dans la basse Auvergne. Un vieil adage ecclésiastique le souligne : «la portée des canons (c'est-à-dire des décisions) de l'évêque de Clermont ne dépasse pas la côte de Piboulet» où l'on place traditionnellement le début du pays d'Ambert. Au début du $XVII^e$ siècle, ce pays a été d'autant repris en main par les artisans de la Contre-Réforme catholique. Cette sorte de «normalisation» fut d'autant plus vigoureuse qu'il avait été facilement pénétré par la Réforme protestante au $XVI^e$ siècle. Pendant trois siècles, les habitants ont accepté, au moins en apparence, un encadrement religieux souvent conservateur dont on retrouve de multiples traces dans la vie sociale. En revanche, dans la région de Thiers, les groupes familiaux ont tenu bon devant toutes les tentatives d'organisation hiérarchiques, qu'elles soient politiques ou religieuses. Dès le $XIX^e$ siècle, la proportion d'enterrements civils surprenait les observateurs.
>
> Plus sensibles au déclin démographique qu'aux mentalités locales, les gouvernants de 1958 ont cru pouvoir réunir les deux arrondissements en une seule circonscription électorale. On a d'abord crié au péché contre nature. Depuis, on a fini par en tirer parti, grâce à de savantes stratégies, voire tricéphale si l'on tient compte de l'attraction vichyssoise au nord.

Livradois ou Forez - comme ici, à Pailhat-, la situation est presque partout la même : les boisements prolifèrent au fil des ans. Sur les 175 communes du Parc, 78 ont un taux de boisement supérieur à 40 %. -PE-

## DIX SIÈCLES D'INDUSTRIE

L'apparition des premiers moulins à eau en Livradois, à l'orée du X$^e$ siècle, marqua le début d'une période de 1 000 ans au cours de laquelle s'affirma la vocation «hydro-industrielle» du bassin d'effondrement d'Ambert, sillonné par la Dore et ses affluents.

La vallée des Rouets. --ND-

● **L'EAU** Les moulins à grain envahirent les premiers la montagne jusqu'à la limite du seigle, à plus de 1 000 m d'altitude. Réservés à la production de farine panifiable, ces petits moulins à roue horizontale intérieure se comptaient par dizaines ou douzaines sur une même commune, constituant un irremplaçable «parc alimentaire» estimé à plus d'un demi-millier d'unités dans le seul arrondissement d'Ambert au milieu du XIX$^e$ siècle. Des meules à huile de noix, de noisette, d'œillette, de chénevis ou de faîne de hêtre venaient quelquefois compléter ces installations rudimentaires.

À la fin des années 1500 apparurent les premiers moulins à foulon et les premières papeteries au débouché des principaux ruisseaux du Forez. Utilisant le principe de l'arbre à cames, ces deux types de moulins découlaient de l'activité textile alors en pleine expansion dans la vallée, principalement autour d'Ambert, Olliergues et Cunlhat. Les premiers pétrissaient les tissus à l'aide de lourds maillets dans un mélange d'eau, d'argile et d'urine animale, les dégraissant et les feutrant. Concomitante de la production locale de toile de chanvre, cette activité disparut une fois établie la suprématie du coton, dans la seconde moitié du XIX$^e$ siècle. Quant à la papeterie, industrie «écologique» par excellence puisque récupérant les tissus usagés, elle connut aux XVI$^e$ et XVII$^e$ siècles une renommée sans précédent dans les trois vallées de La Forie, Valeyre et Chadernolles. Ici, les maillets de bois des moulins défibraient les tissus de chanvre que les ouvriers recomposaient ensuite sous forme d'une feuille parfaitement calibrée et laminée, prête pour l'impression ou l'écriture. Grâce à d'importantes corporations de chiffonniers et de papetiers aux intérêts étroitement liés, la région livradoise put, pendant ces deux «siècles d'or», fournir en papiers de qualité non seulement l'imprimerie lyonnaise et toulousaine, mais également la Cour, les administrations parisiennes et les grandes capitales européennes. Ceci jusqu'à la veille de la Révolution où, faute d'esprit d'innovation et de modernisation, les maîtres papetiers ambertois durent se résoudre à perdre leurs marchés et à convertir leurs moulins à des fabrications médiocres qui devaient les vouer à disparaître petit à petit dès les années 1850.

L'ancienneté du commerce des bestiaux dans la plaine du Forez, depuis le Moyen Âge, fit également naître et prospérer sous l'Ancien Régime un important artisanat de tannage végétal le long de la Dore. Métier «de rivière», la tannerie faisait tourner quelques moulins destinés à pulvériser l'écorce de chêne pour la transformer en tan. Mais les moulins les plus répandus étaient les «scitols», ou moulins à «scie battante», dont l'effectif dépassait les 200 unités au début du XIX$^e$ siècle. Disséminés sur les deux versants du Forez entre 1 000 et 1 300 m d'altitude, au cœur des vastes sapinières, ceux-ci tiraient profit, tout comme les moulins à grain, des moindres filets d'eau capturés dans des écluses appropriées. Sous l'action d'une roue à palettes mue par une conduite forcée sous étang, leur cadre de scie monté sur une bielle reproduisait le geste des scieurs de long, transformant les grumes en planches et en chevrons, que des bouviers voituraient ensuite jusqu'aux «ports» de la vallée. Cette activité saisonnière voisinait avec l'abattage des plus beaux arbres du Velay et du Livradois, que l'on flottait ensuite sur l'Allier jusqu'à la côte atlantique, futurs mâts destinés à la marine marchande et militaire. De la même façon que les tanneries se concentraient en milieu urbain le long des berges de la Dore, les coutelleries, avec leurs forges, marteaux-pilons et aiguiseries hydrauliques, appelées «rouets», bordaient la Durolle à Thiers (voir p. 99).

- Fours à chaux
- Verreries
- Coutelleries
- Fours à poix
- Tanneries
- Textile
- Tuileries - Briqueteries
- Scieries
- Papeteries
- Métallurgie

● **LE FEU.** Le Livradois était également le domaine des activités de plein vent et du feu domestiqué au travers des multiples forges et fours de fusion situés à proximité des cantons forestiers. Parmi ceux-ci, les fours de minerai des sidérurgistes d'origine gallo-romaine furent sans doute les premiers à disparaître des environs de Craponne-sur-Arzon, et à céder la place dès la fin du Moyen Âge aux fours des gentilshommes verriers venus du sud de la France (montagne thiernoise, vallée du Fossat, montagne casadéenne). A la différence de ces derniers, d'humeur voyageuse, de religion réformée et de statut noble, les charbonniers – fabricants de charbon de bois –, et les péjassiers – fabricants de poix –, étaient de petite extraction et ne voisinaient pas ou peu. Les péjassiers se cantonnaient aux forêts de pins pour en extraire et cuire la résine par pyrogénation dans des «fourneaux» en pierre dont ils réservaient le produit aux bourreliers, selliers, cordonniers, mais aussi aux poisseurs de voiles et aux calfateurs de bâteaux sur la Loire et l'Allier. Les charbonniers investissaient de préférence les hêtraies dont ils carbonisaient les essences à l'étouffée dans des «meules» sur demande de leurs clients : forgerons, papetiers, etc. La plupart de ces activités forestières étaient itinérantes, saisonnières et constituaient un appoint aux activités agricoles. Il en allait de même des fours à tuiles et à chaux des bassins sédimentaires (plaine de Limagne, de Courpière et d'Ambert), qui ne fonctionnaient qu'une ou deux fois par an à l'initiative de leurs propriétaires, tuiliers et chaufourniers.

● **LES DERNIERS ARRIVÉS.** Le XIX$^e$ siècle vit également la naissance de deux «industries» destinées à durer sur le sol ambertois : d'une part la fabrique de tresses et lacets, originaire de Saint-Chamond et de la vallée du Gier, qui fit son apparition à Ambert dans les années 1840 ; d'autre part, la bijouterie religieuse et la fabrication des perles à chapelets qui naquit à la même époque. Toutes deux se substituèrent aux anciennes formes de travail «à façon» héritées de la grande époque du textile, en conciliant le plein emploi en usine et le travail temporaire en sous-traitance à domicile, formules qui perdurent de nos jours. Ce renouveau de l'industrie ambertoise, né des cendres de l'ancienne prospérité, eut la chance de ne pas se voir menacé par l'arrivée, durant la Seconde Guerre mondiale, de l'industrie chimique et pharmaceutique Roussel-Uclaf à Vertolaye.
Ensemble, elles concourent aujourd'hui à parts égales au maintien de l'emploi dans le bassin d'Ambert, dans la droite ligne des activités ancestrales de la région pétries d'une multitude de «savoir-faire» et d'un indéracinable «vouloir-vivre» au pays.

Jean-Louis BOITHIAS

Conception de la carte :
Jean-Louis BOITHIAS - Réalisation : FP

**CARTE DES MÉTIERS EN LIVRADOIS-FOREZ**

L'association AGRIVAP, avec l'aide du Parc fait circuler le dernier train pour voyageurs sur une partie de ce qui fut la ligne Vichy-Le Puy.
Excellente occasion non seulement de maintenir en activité des automotrices panoramiques (9 500 voyageurs pour 1994), mais aussi de rappeler l'importance de cet axe fondamental. -PE-

été construit trop tard (la gare d'Ambert date de 1885) et la ligne de Vichy au Puy n'est plus exploitée par la SNCF.

## Le Parc et le développement

C'est à partir de cette histoire qu'on peut apprécier le rôle du parc Livradois-Forez. Il peut fédérer les énergies et faire accepter une évolution inéluctable, certes, mais qui, pour ne pas être rejetée, doit tenir compte de l'existant. Il doit promouvoir un pays où, en raison, tout à la fois des résistances de ce qui fit sa force dans le passé et de la précipitation des novateurs, on a trop souvent accumulé les mécomptes.

Que peuvent devenir les exploitations rurales de cette zone de montagne au temps de la P.A.C. ? En s'appuyant sur les pistes du passé, on peut trouver des idées neuves. Il ne s'agit plus de faire de la fourme d'Ambert dans les jas des Hautes Chaumes, mais pourquoi ne pas implanter à nouveau une production du célèbre fromage dans sa région éponyme ? L'action persuasive et persévérante du Parc pour «améliorer les relations de complémentarité entre agriculture et forêt» a toutes chances d'être plus efficace qu'une réglementation tatillonne. Le Parc a inscrit aussi dans ses objectifs sa volonté «de concilier la valorisation du patrimoine naturel et ethnologique et le développement économique de la région». L'objectif est ambitieux et dépasse l'animation de la «route des métiers». La tradition papetière, par exemple, ne se manifeste pas seulement dans le célèbre moulin de Richard-de-Bas, mais aussi dans des produits isolants obtenus par la «voie papetière» (feutrage) et destinés à l'industrie spatiale. L'industrie thiernoise n'est pas invulnérable devant la crise, mais elle apparaît beaucoup moins anachronique dans ses structures depuis qu'on observe la fin des groupes dinosoriques.

Pendant longtemps, l'Auvergne de l'est vue depuis Clermont ou Riom a été mal considérée. Ni Thiers ni Ambert ne faisaient partie des «Bonnes Villes d'Auvergne» ; leurs représentants n'étaient pas admis aux États d'Auvergne, cette sorte de conseil régional de la fin du Moyen Âge. On a pu s'accoutumer aux regards méprisants et même donner le nom de Jules Romains, qui a ridiculisé les Ambertois, à un collège d'Ambert.

Ce n'est pas la moindre des tâches du Parc que de lutter contre tous ces clichés réducteurs et de faire renaître l'espoir. Mais en vivant sur les traces de ces paysans de la montagne, faits pour toujours remonter la pente, comment ne pas reprendre leurs gestes, dans tous les sens du mot ? On finit par se surprendre un matin à répéter leur vieux dire mystérieux : «Au jour d'aujourd'hui, mille ans commencent !»

---

**LE TÉLÉTRAVAIL.** Si, un jour, on expérimente des projets de télétravail (1) en Auvergne, c'est dans la zone du Parc que pourraient se trouver les meilleures conditions de réussite.

(1) LE TÉLÉTRAVAIL D'APRÈS LA DATAR : toute activité tertiaire dont le traitement s'effectue à distance du client ou de l'usager grâce à des moyens de communication électronique. Si des sociétés françaises font largement appel à la main-d'œuvre philippine, il existe des travaux spécifiques qu'on ne peut pas délocaliser à l'étranger.

## L'ORIGINE DES RELIEFS

Le Livradois-Forez est un vieux socle cristallin morcelé par une fracturation récente. C'est pourquoi des compartiments granitiques altiers y alternent avec de profondes plaines sédimentaires. Piquetés d'appareils volcaniques et modelés par l'érosion des glaciers et des rivières, ces reliefs tourmentés offrent une diversité de paysages qui ne cessent d'enchanter nos regards.

Cette région est constituée par un vaste compartiment de socle cristallin faisant saillie (horst) entre les bassins profondément effondrés (grabens) que sont, à l'ouest, la plaine de Limagne irriguée par l'Allier et, à l'est, les plaines de Montbrison et de Roanne qu'emprunte le cours de la Loire.

Ce socle cristallin du Livradois-Forez constitue la véritable ossature de la région. Il est essentiellement formé de roches anciennes, granites et schistes métamorphiques déjà totalement consolidés à la fin de l'orogénie hercynienne, il y a 300 Ma(1).

Les schistes cristallins sont largement présents dans le sud (ex : région de Champagnac-le-Vieux), où ils forment l'enveloppe naturelle du granite d'anatexie du Velay. Au nord, dans les blocs relevés en horst, ils ont été largement décapés par l'érosion (ex : les sommets du Forez), ce qui a mis à jour les granites intrusifs – formés à l'époque hercynienne dans la profondeur de ces schistes – que l'on trouve maintenant à l'affleurement aux plus hauts niveaux de cette région.

Sous l'effet des puissants mouvements orogéniques, qui aboutirent à la formation de la chaîne alpine voisine, il y a 50 Ma, le vieux socle hercynien rigide a été fracturé, découpé en morceaux par de nombreuses failles qui l'ont morcelé en une vaste mosaïque de blocs juxtaposés ; certains, remontés en horst, forment maintenant les plus hauts sommets ; d'autres, abaissés en grabens, ont été partiellement remplis par des sédiments pour devenir les grandes plaines bordières que sont les limagnes d'Allier et de Loire, ou former des petits bassins internes comme ceux d'Ambert, Sauxillanges ou Saint-Dier-d'Auvergne.

Sur cet ensemble, tectoniquement tourmenté et varié par la diversité des roches qui le constituent, quelques volcans se sont localement implantés. Leurs laves ont profité du réseau des fractures pour rejoindre la surface et surimposer leur relief si caractéristique. Isolés ou en chapelet, les volcans peuvent présenter un cône de scories, comme le mont Bar (près d'Allègre), mais très souvent ce cône a été décapé par l'érosion, qui n'a laissé qu'un neck (sorte de large cheminée) dressé comme un chicot (le pic d'Ibois, près d'Orbeil, ou le pic de la Garde, près de Saint-Jean-des-Ollières). Dans le sud, le socle est largement recouvert par de grandes planèzes (plateaux volcaniques comme celui du

**VALLÉES EN V ET EN U.** Les ruisseaux creusent des vallées en V d'abord étroites et profondes (ex : la vallée de la Sénouire). Devenus rivières, ils sont moins «agressifs», leur lit devient méandriforme, les flancs des vallées sont de moins en moins pentus sous l'effet des éboulements latéraux (ex : la vallée de la Dore, en aval de Courpière).

Les glaciers empruntent des vallées fluviatiles qu'ils élargissent en vallées en U. La large langue de glace, puissante et dure comme une lame de bulldozer, creuse plus lentement mais avec plus d'ampleur que le lit étroit d'un torrent de montagne. Des vallées en auge de ce type se trouvent sur les hauteurs du Forez (ex : vallées de l'Ance et du Fossat).

Devès) qui chapeautent le paysage et masquent les formations sous-jacentes (roches cristallines ou sédimentaires), que l'on ne peut observer maintenant qu'à la faveur des vallées ayant profondément entaillé le substratum. Le volcanisme tertiaire a ainsi créé de nouveaux reliefs, ce qui a réactivé l'ardeur érosive des cours d'eau de la région, qui poursuivent, inlassables, leur permanente action d'arasement des reliefs. Au début du Quaternaire, les glaciers ont recouvert les hauts sommets du Forez et ont, eux aussi, contribué au rabotage de ces reliefs.

Jean-Jacques PÉRICHAUD.
(1) Millions d'années

---

Homme de terrain, Jean-Jacques PÉRICHAUD (docteur-ès-sciences et ancien géologue du BRGM) a été chargé par cet organisme de l'inventaire des ressources minéralogiques du Massif central. A ce titre, il a collaboré à de nombreux ouvrages et cartes sur le sujet.
Il est aussi l'auteur de «Où trouver les minéraux d'Auvergne», 2 vol.
- Éditions l'Instant Durable - 63000 Clermont-Ferrand.

Vue sur les monts du Forez et du Livradois, à l'est de la Limagne. -PE-

# Carte géologique simplifiée

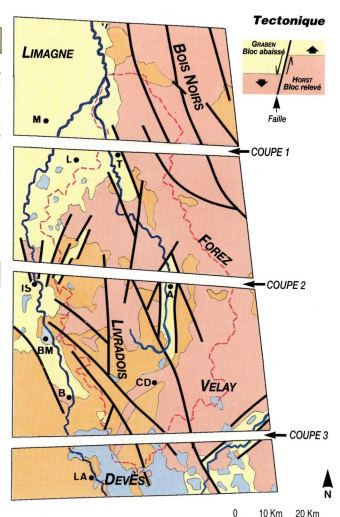

### Les roches sédimentaires

Hormis les sédiments non consolidés actuels, que transportent et déposent ruisseaux et rivières, les sédiments qui remblaient les grabens sont généralement d'origine continentale et lacustre. Ce sont des formations argilo-sableuses, gréseuses, arkosiques et marno-calcaires. Les parties septentrionales des grandes limagnes, qui furent en communication avec la mer qui recouvrait le bassin parisien au Tertiaire, renferment également des niveaux plus franchement marins (calcaire).

### Les granites

Ils sont grenus, de teinte assez claire (gris, beige, rose) et renferment du quartz, du feldspath et de la biotite (mica noir en lamelles brillantes), parfois de la muscovite (mica blanc à reflets argentés), de l'amphibole (petits cristaux très noirs) ou de la sillimanite (fines fibres nacrées). Tous les types de faciès sont représentés : granite isogranulaire à grains moyens ou à gros grains ; granite porphyroïde (à grands cristaux de feldspath de plusieurs centimètres) ; microgranite fin ou microgranite porphyrique.

### Les roches métamorphiques

Généralement représentées par des migmatites à deux micas, elles ont très souvent un aspect schisteux avec des lits de micas sombres, ondulés, qui alternent avec des lits grenus clairs de quartz et de feldspath. Elles proviennent de la transformation de sédiments primaires argilo-gréseux d'origine continentale, et sont vieilles de 420 à 380 Ma.

### Les roches volcaniques

Essentiellement basaltique, la lave résulte du refroidissement d'un magma visqueux émis à haute température par un volcan et s'épanchant sur de vastes surfaces. Plusieurs coulées successives peuvent se superposer, présentant souvent de belles colonnades de prismes, appelées orgues volcaniques.

La lave est noire, compacte et dure à casser. Les cendres (éléments fins) et les scories (plus grossières) sont des fragments de lave crachés en l'air lors de la phase explosive du volcan et solidifiés avant de retomber et de s'accumuler en strates autour des volcans ; leur couleur est noire, grise ou rouille.

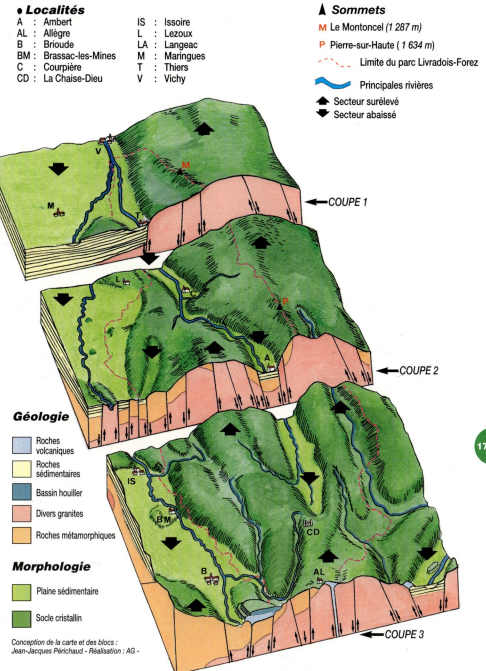

# PAYS, PAYSAGES

La diversité des paysages, voilà peut-être la première richesse du Livradois-Forez. Mais parler des paysages, c'est parler de l'homme et des pays où il s'est fixé. Or, des hommes, il y en eut ici plus que partout ailleurs en Auvergne. Sans aller jusqu'à dire qu'il y eut autant de pays que d'hommes, on constate que cette forte occupation humaine les a multipliés. Dès lors, on comprend la complexité de la tâche des géographes recensant les paysages en Livradois-Forez – certaines études en dénombrent près d'une quinzaine –,

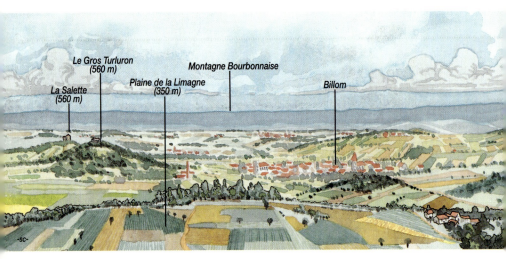

▲ DE N.-D. DE ROCHE, EN DIRECTION DE L'EST.
Nous sommes en limite de la plaine de Limagne, dont les parcelles en lanières s'avancent jusque sur les pentes de ses buttes volcaniques (La Salette) et sur les premiers escarpements du Livradois. A l'altitude du château de Montmorin, elles disparaissent au profit des prairies : l'éleveur de demi-montagne a ici remplacé le polyculteur de la plaine. Les villages et les hameaux sont nombreux, et quelques bâtiments d'exploitation modernes (Coissard p. ex.) sont le signe d'une agriculture encore dynamique, dont la petite ville de Billom bénéficie pleinement, tout comme de sa proximité avec l'agglomération clermontoise.

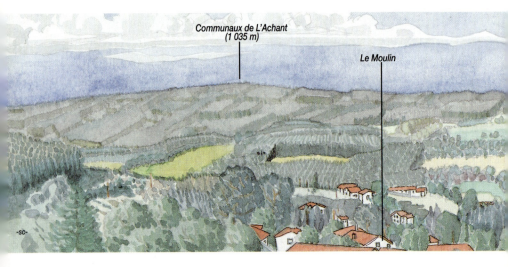

d'autant que les paramètres naturels y sont d'une extrême diversité (variété du relief, du sous-sol, du climat...). Dans cette mosaïque, nous avons choisi d'illustrer ceux vers lesquels ces «Tours en Livradois-Forez» vous conduiront le plus souvent. Ces aquarelles sont toutes aux couleurs de l'été, autant dire que selon les saisons où vous marcherez vous trouverez sûrement quelques changements, mais peut-être pas autant que dans cinq ou dix ans... Quoi qu'il en soit, elles sont et resteront des «photographies» d'un instant de l'histoire des paysages. Un des moments d'équilibre – instable – de la relation des hommes avec leurs pays. - Aquarelles de Samuel Chardon -

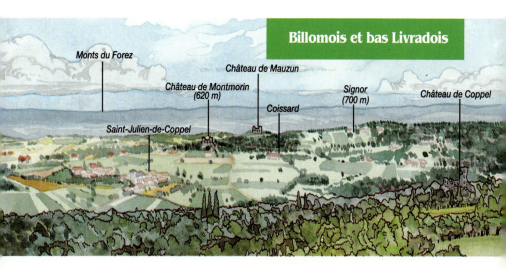

DE LA MINE, EN DIRECTION DE L'EST.
L'horizon est barré par l'échine granitique du haut Livradois qui, de tout temps, fut le domaine de la forêt. Jadis, les prairies de ce pays d'élevage occupaient le versant ouest, qui porte Saint-Amant-Roche-Savine. Aujourd'hui, elles ne demeurent plus qu'à proximité immédiate du bourg ou des hameaux, remplacées ailleurs par de sévères plantations de conifères. Cette marée verte, qui année après année enserre et étouffe les derniers prés, est le résultat de la déprise agricole. (voir p.11).

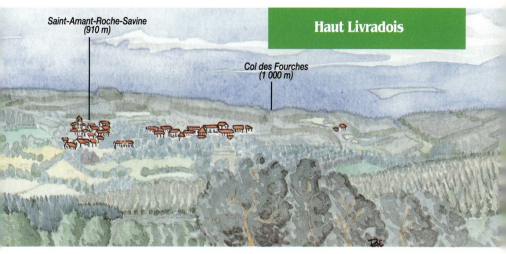

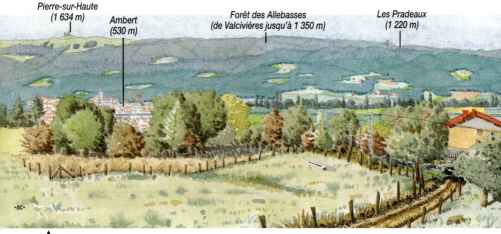

▲ DU BRUCHET, EN DIRECTION DE L'EST.
A nos pieds, la plaine d'Ambert s'allonge du nord au sud, irriguée par la Dore, dont le cours est souligné par la forêt alluviale et la D 906, tracée au cordeau entre Ambert et Arlanc. L'activité industrielle s'est développée durant des siècles dans ce bassin sédimentaire (voir encadré p. 44-45), et fait encore vivre la population. Durant longtemps, elle a aussi procuré des revenus supplémentaires aux agriculteurs de la montagne du Forez, qui voit aujourd'hui ses villages, comme ceux du haut Livradois, assiégés par les plantations de conifères.

## AUTRES RÉGIONS NATURELLES D'INTÉRÊT

La forêt de la Comté (chênaie-charmaie de près de 2 500 ha) apparaît nettement plus chaude et sèche que les autres régions du Livradois-Forez. Dans cette zone, la diversité géologique est maximale (basalte, grès, granite, marnes calcaires), d'où la présence d'une riche flore (lis martagon, céphalantère rouge, parisette à quatre feuilles, ail des ours, etc.) et de paysages d'une grande variété, dont certaines parties plus agricoles rappellent la Toscane (cf. Pierre Bonnaud).

Les zones argilo-sableuses des Varennes de Limagne présentent une multitude de micromilieux secs ou humides : landes subatlantiques à callune et ajoncs ; prairies soumises à des périodes sèches puis humides, où on peut trouver l'orchis à fleurs lâches, le sérapias langue ; vieux étangs... Ces varennes, où le bocage est bien conservé, sont très riches d'un point de vue faunistique : batraciens, libellules et oiseaux (134 espèces nicheuses) y sont bien représentés. Le massif du Livra-

## Plaine d'Ambert et sud Forez

Saint-Just (839 m)
Marsac-en-Livradois (550 m)

**DU COL DES SUPEYRES, EN DIRECTION DE L'EST.**
Jadis, la pratique de l'estive cantonnait la forêt à une altitude de 1 200 m et favorisait le développement et le maintien d'une végétation typique (voir p. 47). Avec le recul des activités pastorales, on voit réapparaître l'arbre jusqu'à 1 350-1 400 m d'altitude : aujourd'hui, quelques pins jeunes et rabougris (montagne des Allebasses) ou des sorbiers (bois du Grand Goulet), mais demain... une forêt à la place des tourbières et des landes. Ces hautes solitudes doivent être «entretenues» et protégées des agressions humaines (érosion de la pelouse). Des mesures pour maintenir l'activité pastorale et pour limiter les effets de la circulation motorisée sont en cours.

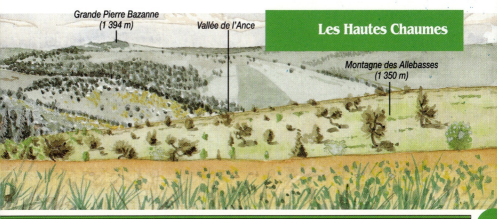

## Les Hautes Chaumes

Grande Pierre Bazanne (1 394 m)
Vallée de l'Ance
Montagne des Allebasses (1 350 m)

dois abrite de belles forêts montagnardes, riches en oiseaux (forêts de Bois Grand et du Maquis, Bois de Mauchet, etc.), entrecoupées de vallons humides (où on peut noter la présence de la loutre), de ruisseaux et de prairies. On peut rencontrer l'aigle botté dans les vallées qui coupent le plateau du Nord Velay, ainsi que la moule perlière (rivière de l'Ance et de l'Arzon).

Éric SOURP

### POUR OBSERVER ET VISITER

Un certain nombre de sentiers balisés ou équipés par le Parc permettent d'aller à la rencontre de sites et milieux exceptionnels. Des tables de lecture de paysages, des pupitres d'observation ont été aménagés en plusieurs endroits : col des Supeyres (sentier du Colporteur des Jasseries), Vollore-Montagne (sentier de la forêt d'Ayguebonne), autour du lac d'Aubusson-d'Auvergne (sentier de Saute-Ruisseau) et à Baracuchet (découverte des tourbières).

AU

«Une ville devrait baigner dans la campagne comme chaque maison dans un jardin», a écrit Henri Pourrat à propos d'Ambert, « petite localité ventilée par ce vent qui vient de Pierre-sur-Haute». -MS-

# PAYS DE GASPARD DES MONTAGNES

### TOUR DE PAYS EN 7 ÉTAPES

**ÉTAPE 1**
Olliergues ■ Cunlhat............................. 24
D'Olliergues à Cunlhat, le berceau de l'industrie textile du Livradois

**ÉTAPE 2**
Cunlhat ■ Saint-Amant-
Roche-Savine....................................... 29
Les bois du Livradois pour les vaisseaux du roi et les sapinières

**ÉTAPE 3**
Saint-Amant-Roche-Savine ■ Ambert.... 34
Gaspard, Maria, Toinou...

**ÉTAPE 4**
Ambert ■ Chomy.................................. 41
Ambert, cité bimillénaire

**ÉTAPE 5**
Chomy ■ Le Jas-du-Mas....................... 47
Les Hautes Chaumes

**ÉTAPE 6**
Le Jas-du-Mas ■ Chalet-de-la-Roche.... 52
Les jasseries du Forez

**ÉTAPE 7**
Chalet-de-la-Roche ■ Olliergues............ 58
Le temps de l'estive

# ÉTAPE 1

## Olliergues

## Cunlhat

19 km | ▼428m - ▲802m | 5h45 | 2 tronçons

Du bourg d'Olliergues, on gravit les pentes du Livradois pour atteindre, dans un premier temps, le plateau qui porte Tours-sur-Meymont. Si le circuit s'élève d'abord rapidement dans des espaces forestiers fermés, bien vite il nous conduit vers des paysages partagés entre bois et prés, ces derniers conservant presque tous de vieux pommiers aujourd'hui abandonnés. Durant cette ascension, des points de vue s'offrent sur la gorge étroite de la Dore et, au-delà, sur les monts du Forez. Chaque village de granite blond posé au bord du chemin s'étire le long d'une courbe de niveau, y recherchant la meilleure exposition et l'abri des vents dominants. Cette disposition remarquable de l'habitat, ces points de vue vers l'est font encore partie du décor lorsqu'on traverse le plateau bocager qui suit Tours-sur-Meymont. Puis les seconds disparaissent lorsqu'on bascule sur Cunlhat, bourg-centre tassé autour de sa vieille église et de sa halle-mairie, cœur fragile d'un petit bassin agricole qui, au fil des années, forge son image de station touristique et de haut lieu de rassemblement des motards, à l'occasion du Free-Wheels de la fin août.

### D'Olliergues à Cunlhat, le berceau de l'industrie textile du Livradois

Cette partie des monts du Livradois comprise entre Olliergues et Cunlhat fut naguère, au cours des XVII$^e$ et XVIII$^e$ siècles, le berceau de l'industrie textile du pays. C'est ici, dans les caves de ces petites maisons de village, mi-fermes mi-ateliers, que battaient les métiers de centaines de tisserands affairés à la fabrication des étamines, camelots et autres toiles vestimentaires, de lin ou de chanvre.
Achetée sur les foires locales par les marchands bourgeois d'Ambert, d'Olliergues ou de Cunlhat, la marchandise était d'abord confiée aux fileuses à la quenouille (plus tard au rouet), puis aux «tixerands» – en réalité de petits paysans qui ne s'adonnaient au tissage qu'à temps perdu. Ces derniers, aidés par la femme ou la fille de la maison, croisaient la chaîne et la trame à la lueur fumeuse du «chaleil», au rythme d'un mètre par jour et d'une ou deux pièces de cinquante mètres par saison d'hiver. Puis ils redonnaient le tout aux bourgeois négociants qui se chargeaient

Jour de marché à Cunlhat. -ND-

# Olliergues - Cunlhat

*Cunlhat, au cœur d'un petit bassin sédimentaire. -PE-*

de les écouler dans le midi de la France, le sud de l'Europe (Italie, Espagne) et les colonies françaises d'Amérique. Parallèlement au commerce de la toile, celui de la laine occupait également quelques tisserands spécialisés qui la faisaient «draper» dans des moulins «à drap» ou «à foulon», principalement concentrés sur les berges du Miodet (Brousse, Auzelles).

Au milieu du XIX$^e$ siècle, l'industrie du moulinage de la soie (aux Gouttes de Tours-sur-Meymont et à La Ganille d'Auzelles) et de la passementerie (à La Grainetie de Cunlhat) tenta de se substituer à la fabrication déclinante des tissus, mais sans parvenir à enrayer la disparition complète de cette branche d'activité au début du XX$^e$ siècle.

A la même époque, la découverte de filons de plomb argentifère et l'exploitation de la galène firent vivre pendant quelques décennies une population de mineurs saisonniers recrutés parmi la main-d'œuvre agricole en dehors des périodes de grands travaux, et essentiellement regroupés autour d'Auzelles (mine de Chabanette) et de Cunlhat (mine de Sagnes).

J.-L. BOITHIAS

## LE VERGER-CONSERVATOIRE DE TOURS-SUR-MEYMONT.

C'est le premier d'un ensemble de vergers-conservatoires que le Conservatoire des Paysages d'Auvergne(1) prévoit de réaliser sur les quatre départements de la région. L'objectif est de préserver le patrimoine génétique des variétés anciennes de nos arbres fruitiers(2) et de restituer des parcelles de paysages caractéristiques de notre région.

Le verger de Tours-sur-Meymont compte une centaine d'arbres représentant près d'une quarantaine de variétés de pommiers et quelques poiriers, dont quelques-unes sont devenues rares.

Leurs noms poétiques signent les heures de l'existence et les rêves d'une époque marquée par le rythme des saisons et la personnalité des micropays qui ont composé le Livradois-Forez jusqu'à aujourd'hui: feuillue, pomme de feu, api étoilée, court pendu grise, transparente de Concelle, douce, pomme des moissons, belle Saint-Feyre, Belvère... Luc BREUILLÉ

(1) 9, rue Chabrol – 63200 Riom – Tél. 73.63.18.27.

(2) En scrutant la France dans ses jardins, ses enclos, ses haies, ses friches, ses plaines ou ses monts, il pourrait être répertorié plus de 4 000 variétés de pommes différentes ! De ces 4 000 variétés estimées sur l'ensemble du territoire, 400 uniquement sont inventoriées et produites. La population, amateurs ou professionnels, ne cultive réellement que 40 variétés. Le marché, lui, ne diffuse et ne commercialise de cet ensemble que 6 ou 7 pommes différentes. *Api étoilée. -FP-*

## ÉTAPE 1

*Le bourg d'Olliergues. -HM-*

### TRONÇON
### Olliergues ● Tours-sur-Meymont
**8 km | 2 h 30**

• **Olliergues :** tous commerces et services. 3 hôtels.

De la place de la Mairie, suivre la rue principale en direction d'Ambert, franchir le pont et s'engager sur la D 37 vers La Chapelle-Agnon (balisage commun avec les GR 330-33 et une PR jaune). **1** Bifurquer à droite à hauteur de la gare.

> **Variante VTT :** suivre la D 37 sur 1 km, puis monter à droite par une route en épingle et rejoindre La Chabane.

A 100 m, emprunter à droite une sente très escarpée, sortir du bois **(point de vue à droite sur la vallée de la Dore et au-delà sur les monts du Forez)** et poursuivre en face sur la route jusqu'à Maflux, en abandonnant les GR 330-33 peu avant ce hameau. **2** A la sortie de Maflux, suivre la route jusqu'au fond de la vallée. Traverser le ruisseau de Charlotier et abandonner la route, en sortie de virage, pour monter à gauche à travers une hêtraie. Prendre encore à gauche à la sortie du bois et arriver au hameau du Sopt. **3** Virer sur la route la plus à droite.

> **Variante par le château de La Blanchisse** (privé) : suivre la route en face, puis tourner à droite après le château pour rejoindre le point 4.
>
> **Raccourci** permettant de rejoindre directement le point 10 : suivre la route en face, passer devant le château de La Blanchisse et prendre un chemin à gauche à la croix de La Bauge **(panorama sur la vallée de la Dore et les monts du Forez)**. Faire 1,2 km environ, puis virer à droite vers Fridonnet.

A la première maison du lieu-dit Les Mortains, tourner à gauche. 300 m plus loin, virer franchement à gauche sur un chemin herbeux **(point de vue à droite sur la vallée de la Dore et sur les monts du Forez en arrière-plan)** et rejoindre Pradat. **4** Dans le hameau, bifurquer à droite et continuer tout droit jusqu'aux dernières maisons. A la croix **(point de vue à droite sur la vallée de la Dore et sur les monts du Forez en arrière-plan)**, descendre à gauche (balisage jaune), puis prendre la route à droite. **5** Passer à gauche de la maison de Blé-Noir et prendre en face le chemin tout de suite à la patte-d'oie.

### Voir et savoir
★ vallée de la Dore ✿ châtaignier de 7,30 m de circonférence à Charlotier, entre 2 et 3 • verger-conservatoire à Tours-sur-Meymont ⚜ église d'Olliergues : ancienne chapelle castrale, reconstruite au 14ᵉ siècle et agrandie au 16ᵉ, renfermant un tombeau en granite du 14ᵉ siècle et une pietà du 16ᵉ • église de Tours-sur-Meymont (12ᵉ-19ᵉ siècle) • église de Cunlhat (12ᵉ-16ᵉ siècle) : belles ferrures du 13ᵉ siècle et cloche du 15ᵉ ■ maisons à linteaux gothiques et anciennes halles à Tours-sur-Meymont • maisons anciennes à tourelles et mairie-halle du 19ᵉ siècle à Cunlhat ✦ bourg d'Olliergues, construit autour d'une butte : anciennes halles (mairie), « maison des marchands » (15ᵉ-16ᵉ siècle) à pans de bois et en encorbellement, vieux pont en arc brisé sur la Dore ⌂ ancien château d'Olliergues : enceinte flanquée de deux tours et donjon carré du 16ᵉ siècle • château de Chantelauze à Olliergues • château privé de La Blanchisse, du 15ᵉ siècle, très restauré (variante entre 3 et 4) • château privé du Bourgnon, du 15ᵉ siècle (hors circuit entre 6 et 7) • château de Terrol, du 18ᵉ siècle, ayant appartenu à un certain Coiffier, gros négociant en toiles, avant Cunlhat ⬢ apiculteur au Sardier et avant Cunlhat ◆ musée des Vieux Métiers au château d'Olliergues (du 15 juin au 15 septembre, visite de : 10 h à 12 h et de 14 h à 19 h – hors saison sur rendez-vous : 73.95.54.90) • plan d'eau de Cunlhat : baignade, pêche, pédalo • PR sur les communes d'Olliergues, de Cunlhat et de Tours-sur-Meymont.

### A proximité
✕ souterrains du Livradois entre Maflux et La Groisne ◆ siège du Parc Naturel Régional Livradois-Forez à Saint-Gervais-sous-Meymont.

Traverser la route et poursuivre tout droit jusqu'à Espinasse. **6** Dans le hameau, descendre à gauche et emprunter un chemin à droite, en suivant le balisage jaune jusqu'au croisement, puis bifurquer vers le fond du vallon. Remonter et prendre à gauche à la station d'épuration (on retrouve le balisage jaune). Passer devant la scierie et atteindre Tours-sur-Meymont. Tourner à gauche à la croix et rejoindre l'église.

> De la scierie, hors circuit à droite vers le château du Bourgnon.

*Maison à pans de bois dans Olliergues. -SC-*

## TRONÇON
### Tours-sur-Meymont • Cunlhat
**11 km | 3 h 15**

- **Tours-sur-Meymont :**

**7** Prendre alors un chemin descendant sous la halle et passer à gauche du lavoir. Traverser le hameau de Bourdelles et, 700 m plus loin, virer à gauche (**point de vue sur Tours-sur-Meymont et la vallée de la Dore à gauche, et sur les monts du Forez en face**). **8** Traverser la D 225 et le hameau des Gouttes (**point de vue sur la vallée de la Dore**). A la patte-d'oie, prendre à droite sur le chemin, puis à droite sur la route. 200 m après le pont, emprunter le chemin montant à droite et rejoindre la route (**point de vue sur la vallée de la Dore**). La suivre à gauche sur 200 m, grimper par le chemin à droite vers Piedmont et prendre à droite dans le hameau pour rejoindre un carrefour. **9** Tourner deux fois à gauche, dépasser le hameau de Volle et virer à droite au croisement. Le chemin s'élève vers une route, qu'on emprunte à gauche sur 150 m avant de s'engager à droite entre les sapins. Monter ensuite par un chemin herbeux jusqu'à Fridonnet. **10** Tourner à

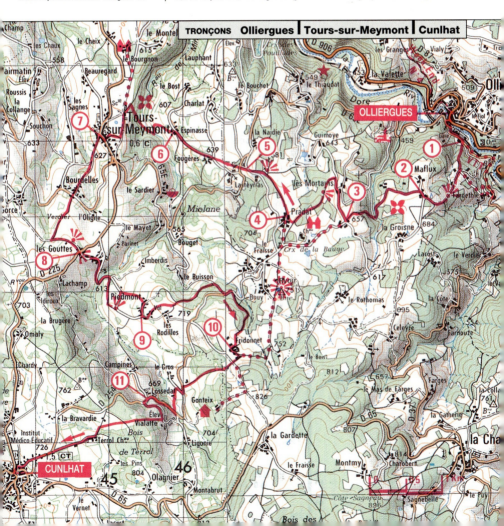

## ÉTAPE 1

**LA CHOUETTE CHEVÊCHE**.
Hoû - hoû - hoû... Le crépuscule envahit la campagne et vous vous interrogez sur l'origine de ce chant. Votre regard scrute les alentours, quand soudain un cri proche, comme un miaulement, vous permet d'apercevoir une ombre qui s'agite sur le toit de la grange d'en face. D'un vol ondulé à la manière des pics, la chouette chevêche est partie se poster pour chasser. Ce petit rapace nocturne, d'une vingtaine de centimètres, les yeux jaunes, la tête aplatie, chasse aussi bien les petits rongeurs, les insectes (grillons, sauterelles vertes) que les jeunes oiseaux ou les vers de terre. On le rencontre dans les milieux ouverts, comme les vergers traditionnels, les prairies bordées d'alignements de saules, aux abords des villages. Il niche dans les arbres creux, les granges ou les nichoirs spécialement posés à son intention. Sédentaire, la chouette aux yeux d'or peut vivre en moyenne 9 ans.
Très lié à l'homme depuis l'Antiquité, cet oiseau est indicateur d'un milieu naturel en équilibre et d'un patrimoine rural de qualité. Malheureusement, il disparaît progressivement de nos campagnes, sous l'action conjuguée d'une agriculture devenue intensive (retournement de prairies, arrachage de haies et abattage des arbres creux), du trafic routier et, dans une moindre mesure, des hivers enneigés.
Serge CHALEIL

*Si vous voulez agir en sa faveur, prenez contact avec la L.P.O. Auvergne – 2 bis, rue Clos-Perret – 63000 Clermont-Ferrand – Tél. 73.36.39.79.*

gauche dans Fridonnet et poursuivre sur la route durant 250 m environ.

Hors circuit : en prenant à gauche, on peut rejoindre le gîte d'étape et gîte équestre de **Gonteix**, 18 places, restauration : 73.72.51.39.
Continuer sur le chemin en face : il vire à droite puis rejoint une route. La suivre à gauche sur 50 m, bifurquer à droite en direction du Cros, puis à gauche sur un chemin qui rejoint la route. L'emprunter sur la droite. **11** A l'embranchement, laisser Lossedat à droite et tourner à gauche à 50 m, puis à droite avant la ferme de Vialatte. Au bout d'un chemin herbeux, tourner à gauche, passer devant le château de Terrol et suivre la route tout droit jusqu'à Cunlhat.

• **Cunlhat** : tous commerces et services. Hôtel, 2 campings, 3 gîtes ruraux, meublés, chambres d'hôtes à La Brunelie (73.72.22.17) et au bourg.

2 h 50
~ 560 m

**Niveau** : difficile en raison de la forte dénivelée et des montées successives.

**Difficultés** : montée très difficile sur sentiers étroits et ornières entre **1** et **2**, avec poussette par endroits, ou difficile sur route par la variante – montée difficile avant **3** – descente très difficile entre **6** et **7** sur 750 m et remontée très physique sur 500 m, avec poussette sur quelques passages – montées successives difficiles, voire très difficiles, entre **7** et **12**.

*Point de vue sur Bouget et Tours-sur-Meymont, entre 9 et 10. -PE-*

## ÉTAPE 2

# Cunlhat

# Saint-Amant-Roche-Savine

**14 km** ▼ 688m - ▲ 989m **4h00** 2 tronçons

### Les bois du Livradois pour les vaisseaux du roi et les sapinières

*Hier, la marée vert-bleu des sapins qui couvre l'échine granitique des monts du Livradois dominait déjà les hauteurs à l'est de Cunlhat. Aujourd'hui, dès Les Faidides, ils nous ensevelissent, ces grands conifères à l'écorce claire qui donnèrent à la Royale les plus beaux mâts pour ses bâteaux durant le XVII$^e$ siècle. Seuls la mousse qui fuit les ardeurs solaires et les champignons qui n'en ont pas besoin se développent au pied des grands fûts ; la fausse bruyère s'empare des petites clairières, et les plants de myrtilles s'installent sur les talus qui bordent les chemins et les routes. Un instant à La Feuille, l'horizon redevient transparent jusqu'au monts du Forez, mais il faut attendre Le Bethonnat pour retrouver la pleine lumière et les premiers hameaux qui annoncent Saint-Amant-Roche-Savine, dernier refuge pour l'homme, dernier rempart contre la forêt plantée de conifères, qui, faute de combattants, finira par étouffer ce pays.*

« L'itinéraire qui conduit de Cunlhat à Saint-Amant-Roche-Savine emprunte, par le col de Toutée et celui des Fourches, le chemin de crête des monts du Livradois. De part et d'autre de cette ligne s'écoulait jadis toute la production du pays en bois de construction et de marine. En effet, dotée d'une abondante couverture forestière, essentiellement composée de résineux, cette partie sommitale du massif fournissait, à grand renfort d'abatteurs, de débardeurs et de flotteurs de rivière, les chantiers de construction navale des grands ports de l'Atlantique (Nantes et Brest). Les mâts du Bois de la Flotte notamment, au port majestueux et aux proportions remarquables, trouvaient sur les vaisseaux de Sa Majesté un débouché à leur mesure, encouragé par la politique commerciale de Colbert tout au long du XVII$^e$ siècle. Cette extraordinaire ressource forestière explique que, en dehors de l'activité d'abattage sur pied du sapin, la région n'ait pas ou peu connu d'industrie de sciage, à la différence des montagnes du Forez. A la fin du siècle dernier, seules quelques forêts de pins et de sapins jouissaient encore d'une bonne réputation (Saint-Éloy-la-Glacière, Le Monestier). En effet, suite à la raréfaction des débouchés maritimes, beaucoup ne fournissaient plus qu'une marchandise qualifiée de médiocre servant à la construction rurale ou au chauffage domestique. »

Outre l'utilisation évoquée ci-dessus (texte de Jean-Louis BOITHIAS) pour les bois issus des forêts du Livradois, il en est une autre très liée à leur légèreté : la fabrication des sapinières. Ces

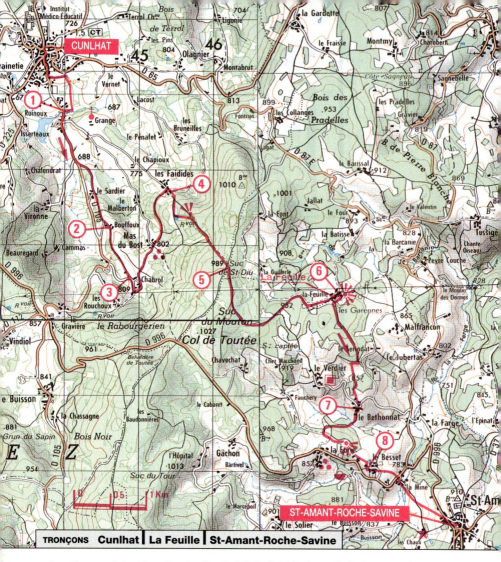

embarcations produites dans des chantiers installés sur le cours de l'Allier, à Jumeaux en particulier, étaient en effet fabriquées avec les bois des sapins – d'où leur nom – du Livradois, tout proche. Ainsi, lorsque la demande en bois de marine eut disparu, les productions forestières locales continuèrent à trouver un débouché, sans compter que l'ouverture du canal de Briare, au milieu du XVII$^e$ siècle, apporta un nouvel élan aux échanges entre la basse Auvergne et Paris. Le charbon produit à Brassac, ville située sur le cours de l'Allier, les fruits, la quincaillerie et les papiers auvergnats y arrivèrent régulièrement durant un siècle et demi, ainsi, évidemment, que du simple bois de chauffage venu tout droit du Livradois. En 1840, ce sont 11 800 tonnes de fret (charbon principalement, puis bois de toutes espèces, poteries, verres, etc.) qui transitent ainsi par ces sapinières, qui sont produites à plus de 1 500 exemplaires. Mais l'arrivée du chemin de fer dans les années 1850 va porter un coup fatal aux activités de batellerie et par là même tarir un des débouchés pour les bois du Livradois, d'autant que ce nouveau moyen de transport met à disposition les bois du Jura, et même de Scandinavie ou de Russie, qui jusqu'alors semblaient inaccessibles. «L'horizon du commerce moderne s'élargit à tel point que la production massive des grandes zones forestières d'Europe n'a pu que refouler celle plus modique et peut-être moins bien outillée, quoique plus proche, du Massif central.»

## Cunlhat - Saint-Amant-Roche-Savine

### TRONÇON
### Cunlhat • La Feuille
**9 km | 2 h 30**

• **Cunlhat** : hébergement et ressources (voir p. 28).

Face à l'église, s'engager dans la ruelle à droite, puis dans la première rue à droite. Traverser la place du Marché et continuer en face rue Saint-Jacques. A la croix en fer, virer à gauche sur un chemin goudronné, en suivant un balisage jaune sur 250 m, puis continuer en face sur un chemin de terre et descendre à droite juste avant un mur. Rejoindre la D 105 aux courts de tennis. **1** La suivre à gauche sur 900 m. Près d'une plantation de conifères, s'engager à gauche sur une petite route goudronnée, en direction du lieu-dit Le Sardier. Continuer tout droit sur le chemin qui prolonge la route. **2** A Bouffoux, prendre le chemin herbeux à droite. **3** A son issue, poursuivre tout droit sur la route. 200 m plus loin (balisage jaune en sens inverse jusqu'aux Faidides), prendre à gauche un virage à angle aigu et contourner Chabrol par le haut. Gagner Mas-du-Bost, emprunter un chemin herbeux à droite du hameau et continuer jusqu'aux Faidides. **4** Obliquer à droite sur un chemin de terre. A la patte-d'oie, partir à droite sur un chemin herbeux, puis grimper à gauche sur un chemin caillouteux très raide (**point de vue sur Cunlhat**). Continuer l'ascension dans la forêt et rejoindre une large piste forestière en ligne de crête. **5** La traverser et s'engager en face sur un chemin qu'on suit toujours à gauche. Atteindre une petite route et l'emprunter sur la droite.

### TRONÇON
### La Feuille • St-Amant-Roche-Savine
**5 km | 1 h 30**

• **La Feuille** :
**6** Au hameau de La Feuille, virer complètement à droite (**point de vue sur les crêtes du Forez**). A la deuxième intersection, poursuivre ce chemin qui tourne légèrement sur la gauche en longeant une prairie à main droite. A la sortie des bois, laisser les chemins qui descendent à la route pour prendre la piste à droite sur 100 m, puis à gauche sur un chemin herbeux. **7** Au Bethonnat, prendre à gauche la route sur 30 m, tourner à droite entre les maisons, dans le virage, pour suivre un chemin de terre à droite. Traverser le ruisseau de Bethonnat et s'engager, à droite, sur un chemin boueux et caillouteux. Emprunter à gauche une petite route sur 50 m, puis une piste à gauche (**point de vue sur Saint-Amant-Roche-Savine, la vallée du ruisseau de Rouhade et les crêtes du Forez**). **8** Traverser Le Besset par la route, que l'on quitte à la sortie du hameau pour suivre un chemin creux et herbeux à gauche. Traverser la D 996 et franchir le pont du Moulin-Neuf. 250 m plus loin, monter à gauche, recouper la D 996 et poursuivre en face vers le centre de Saint-Amant-Roche-Savine.

• **Saint-Amant-Roche-Savine** : tous commerces et services. Hôtel, gîte d'étape, 14 places (73.95.71.39), village-vacances, camping.

*Décor en plis de serviette sur une porte de l'église de Saint-Amant-Roche-Savine. -PE-*

*Les toits de Saint-Amant-Roche-Savine, vus entre Le Besset et La Mine. -PE-*

# ÉTAPE 2

## Voir et savoir

🕯 église de Cunlhat (voir p. 26) • église du 15$^e$ siècle à Saint-Amant-Roche-Savine : baies à fenestrages flamboyants, cloches et clocher du 18$^e$ siècle, fonts baptismaux du 15$^e$ siècle, ornés de têtes, stalles en bois sculpté du 16$^e$ siècle et très bel ensemble d'ornements sacerdotaux (16$^e$ - 18$^e$ siècle) à la sacristie • croix sculptée du 16$^e$ siècle au cimetière de Saint-Amant-Roche-Savine ◼ Cunlhat (voir p. 26) • ancien moulin à La Mine, après 8 ⬣ PR sur la commune de Saint-Amant-Roche-Savine.

## A proximité

★ source d'eau pétillante aux Chaux  traces de l'ancien château de Roche-Savine • motte castrale de Ramica au niveau de Mas-du-Bost • chapelle en ruine à La Forie (vers 8) 🏰 château privé des Chapioux 🕯 chapelle à Grange (vers 1) du 15$^e$ siècle ◼ maison de maître privée au Verdier 🍲 élevage de chèvres angora route de L'Alleyras (D 996) • foie gras à la ferme-auberge du moulin de Rouhade • apiculteur aux Serves.

🚲 **2 h 00**
~ **480 m**

**Niveau** : difficile, avec quelques passages très difficiles.
**Difficultés** : descente technique sur 500 m avant **1** (ornières) – montées sur chemins herbeux avec ornières entre **1** et **3** – montée difficile, puis très difficile, entre **4** et **5** – descente sur ornières entre **5** et **6** – alternance de descentes et montées difficiles, parfois sur ornières, entre **4** et **8** – descente technique de **8** au Moulin-Neuf, et remontée très difficile et très technique jusqu'à la fin de l'étape.

***DU PLOMB ARGENTIFÈRE A LA MINE.*** *Au moment même où le commerce des grands bois entrait dans sa phase de déclin, au lieu-dit La Mine, près de Saint-Amant-Roche-Savine, naissait une industrie moderne d'exploitation du plomb argentifère, après la découverte d'un abondant filon de galène dans les années 1750. Bien souvent interrompue à la suite d'aléas techniques ou financiers, l'extraction du minerai (riche de 9 à 10 kg de plomb et de 450 g d'argent par tonne) échut à une société parisienne, puis à la Société des Mines de Pontgibaud, qui, successivement et jusque dans les années 1875, exploitèrent les galeries sur plus de 11 km$^2$ répartis dans le sous-sol des trois communes de Saint-Amant-Roche-Savine, Le Monestier et Grandval. -J.-L. BOITHIAS*

-JLB-

*Point de vue depuis le village du Besset, en 8. -PE-*

Cunlhat - Saint-Amant-Roche-Savine

**LA FAUNE DES FORÊTS.** Gaspard des Montagnes, le légendaire héros d'Henri Pourrat, aimait à se cacher dans les forêts de Saint-Amant. Depuis, abandonnées par les brigands et galipotes, ces forêts ne sont fréquentées que par les animaux sauvages, auxquels elles procurent tranquillité et nourriture.

Des mammifères tels la martre, l'écureuil ou le chevreuil y trouvent gîte et couvert. L'avifaune est représentée par de nombreuses espèces, notamment le pic noir. De la taille d'une corneille, il s'en distingue par son vol onduleux caractéristique des pics et par une calotte rouge sur le dessus du crâne ; il se nourrit d'insectes xylophages qu'il déniche dans les écorces au moyen de son bec puissant. Il perce un trou, nommé aussi loge, dans le tronc de gros hêtres ou de sapins blancs. C'est dans cette cavité qu'il va élever sa nichée. Loge qui resservira sans doute à la martre ou à la chouette de Tengmalm au moment de la reproduction. On entend le pic noir plus souvent qu'on ne le voit. Ce sont soit ses appels plaintifs, soit les tambourinements de son bec sur les arbres qui le trahissent.
Serge CHALEIL

Note : Espèces d'oiseaux vivant dans les forêts naturelles mixtes (sapins, hêtres) ou dans les futaies jardinées (les plantations d'épicéas, quant à elles, sont très pauvres : pas de couvert végétal, absence de lumière et de nourriture) : roitelets huppé et triple bandeau, grimpereau des bois, mésange boréale, bec croisé des sapins, épervier, autour des palombes, buse, bondrée apivore, tourterelle des bois...

## LA BÉCASSE

-SC-

*Les bois mixtes de sapins et de hêtres alternés de clairières et coupes que l'on rencontre dans la région de Saint-Amant et Cunlhat constituent des habitats favorables pour un oiseau mystérieux et de légende appelé la dame des bois ou bécasse.*
*Les prairies humides, narces, sagnes, lui fournissent la nourriture qu'elle recherche la nuit. La belle mordorée se nourrit essentiellement de lombrics.*
*Cet oiseau migrateur est d'une discrétion absolue grâce notamment à son mimétisme. Cependant, sa présence peut être remarquée au printemps, au crépuscule, lorsqu'il croule. La croule est une sorte de parade et de marquage de son territoire. L'oiseau vole d'une manière très particulière en émettant un son caractéristique bien connu des bécassiers.*
Serge CHALEIL

# ÉTAPE 3

# Saint-Amant-Roche-Savine

# Ambert

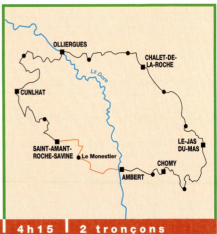

**16,2 km** | ▼527m - ▲1 000m | **4h15** | **2 tronçons**

## Gaspard, Maria, Toinou...

*On laisse Saint-Amant-Roche-Savine dans la lumière pour, très vite, s'immerger dans le silence et l'ombre des sévères plantations de conifères, mitées çà et là par quelques champs dont on tire grain et fourrage pour les troupeaux. Le chemin tracé sur le granite clair nous conduit jusqu'au Monestier, où une Vierge immaculée nous accueille. Tout là-haut, près d'elle, elle nous invite à découvrir, déjà, les étapes à venir : Ambert et la plaine de la Dore à l'issue de celle-ci, les monts du Forez pour celles qui suivront. Puis les pistes forestières et les chemins herbeux se succèdent. Le murmure du ruisseau de Blanval couvre un instant le silence de la forêt, que l'on quitte pour déboucher dans la lumière qui inonde la plaine de la Dore. Marche après marche, on descend le monumental escalier granitique qui nous conduit jusqu'à la rivière. Au-delà, à l'extrémité d'une large avenue tracée au cordeau, une église qui fait figure de petite cathédrale nous attend, c'est Saint-Jean-d'Ambert.*

Dans sa diversité, comme dans sa quantité, la littérature du Livradois s'inscrit dans la logique «fin de siècle» du système qui l'a engendrée : Gaspard, Maria et Toinou, ce sont trois exemples de littérature paysanne, trois visions du Livradois et du monde à travers ce microcosme, trois époques aussi, bien que leurs auteurs soient contemporains. Trois sensibilités qui engendrent trois récits différents et, réciproquement, trois genres littéraires qui appellent trois regards divergents. A l'instar de Giono, le lyrisme paysan de Pourrat, qui exalte les vertus terriennes, l'a longtemps desservi auprès du public, après la chute du régime de Vichy. Épopée rurale, western auvergnat, roman de la Table Ronde, que cette relation des farces, vaillances et prouesses de Gaspard des Montagnes. Gaspard n'est pas en effet un personnage, mais bien plutôt un héros, un Lancelot de Susmontargues, que Pourrat va faire évoluer dans un Livradois-Forez tout ensemble réaliste et féerique. Ses difficiles amours avec Anne-Marie : prétextes pour fixer une culture rurale qui disparaît, pour enrichir le texte de multiples épisodes tirés de récits de veillées. D'où la contamination du vraisemblable par le légendaire, du rapport historique par le surnaturel. Aussi les personnages, pourtant bien campés historiquement entre la fin de l'Empire et la Restauration, ne sont-ils que peu situés socialement, balancés qu'ils sont entre leurs vies diurne et nocturne.

C'est d'un tout autre registre que joue Lucien Gachon. *Maria* est le roman d'un instituteur qui s'est fait ethnologue pour nous décrire une famille de paysans. C'est, selon H. Pourrat, «la peinture

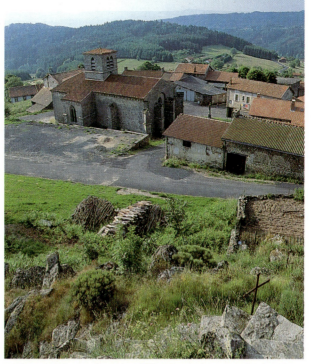

*Le Monestier.-PE-*

du paysan pur. Non pas le paysan possible qui peut avoir des aventures, des amours, être mêlé à des drames, l'accident en somme. Mais le paysan ordinaire, dans le tran-tran de sa vie». Il s'agit pour «la Maria» et «le Pierre», son époux, de rembourser leur part dans l'exploitation à «ceux de Mâcon», et, pour rester enfin seuls maîtres de la ferme, ils n'hésiteront pas à en évincer père et mère. Ce roman rustique, qui met en scène des petits propriétaires terriens dans le Livradois des années 1920, n'est pourtant pas un portrait noir du paysan car Maria et Pierre font montre de tant de vitalité qu'ils forcent malgré tout la sympathie. Le «minadjà te» (ménage-toi) ne fait pas partie de leur vocabulaire.

Le monde ambertois et «La Belle Époque», Antoine Sylvère va les vivre sous la loi d'airain : il est, lui, fils de très pauvres métayers. Né en 1888, Toinou nous décrit dans ses mémoires le tiers monde paysan du Livradois. Son humour est féroce : «Le droit de mendier était tacitement reconnu comme une sorte de retraite accordée par la société à des travailleurs qui avaient été constants, fidèles, exacts dans l'accomplissement de leurs devoirs de chrétien. A y bien réfléchir, on en avait beaucoup moins exigé de M. Félix Faure avant de l'élire président de la République française.» Un seul but pour Toinou : s'évader, par l'instruction, de ce bagne qu'est la misère. «Le paysan paysannant en paysannerie non lyrique, conclut P.-J. Hélias, c'est quand même Toinou.» Voilà donc trois œuvres littéraires bien différentes, voire contradictoires dans l'image qu'elles donnent du paysan du Livradois-Forez et de la région elle-même ; œuvres si différentes qu'il serait absurde de vouloir établir une comparaison entre elles. Ces trois ouvrages n'entrent pas en «concurrence» mais, pourtant «concourent» par leur diversité même à enrichir, non pas notre connaissance théorique, scientifique, objective, savante... d'une région mais plutôt notre «sentiment» de cette région. Ils nous forgent une conscience plus qu'une connaissance, conscience où se mêlent au même titre mythe et réalité et qui par là même en est plus juste, plus vraie, plus complète.

Nicole GÉRAUD

---

**L'AIR PUR DE LA CRÉATION.** On a pu penser que quelque chose, dans cette terre, suscitait l'inspiration. On cite alors Henri Pourrat, Alexandre Vialatte, dont le talent fut reconnu post mortem, l'académicien Pierre de Nolhac ou le délicat Maurice Faucon...
Mais ces terres pauvres ont aussi engendré, tout au long de l'histoire, des hommes de foi, à l'image de Pierre le Vénérable, abbé réformateur de Cluny, Guillaume Douarre, apôtre de la Nouvelle-Calédonie, ou François Gaschon, en instance de béati-fication...
Est-ce l'air du pays qui a nourri le génie musical d'Emmanuel Chabrier ou la jeunesse d'Olivier Messiaen, du mathématicien Michel Rolle ou du sulfureux abbé Imarigeon Duvernet, ami et premier biographe de Voltaire ? C'est du pays d'Ambert que partirent aussi les ancêtres des La Fayette, ceux des grands éditeurs Arthaud et Fayard, comme au temps de François Ier une cohorte de clercs-juristes qui peuplèrent jadis les parlements de Paris et de Rouen, à l'image des Pascal et des Bellot. Michel BOY

# ÉTAPE 3

## TRONÇON
### St-Amant-Roche-Savine • Le Monestier
**6,2 km | 1 h 30**

• **Saint-Amant-Roche-Savine** : hébergement et ressources (voir p. 31).
Emprunter la petite rue longeant la place de l'Église sur la gauche, en passant au bas de la fontaine (tracé commun jusqu'au cimetière avec le GR 330 et une piste équestre balisée en bleu). Au cimetière, descendre à droite sur la petite route goudronnée et rejoindre la D 37. **1** Traverser la route et continuer en face sur un chemin de terre longeant une plantation de conifères **(point de vue sur la vallée du ruisseau de Blanval, ainsi qu'avant 2)**. Rester sur le chemin en meilleur état et prendre à droite à la patte-d'oie, au-dessus du hameau de Losmont, en suivant un balisage vert. **2** A hauteur du parc à bois, monter à gauche sur un sentier herbeux au départ, puis de plus en plus dégagé : on rejoint une piste forestière empierrée, qu'on suit à droite en descente. **3** Poursuivre sur la D 39 à gauche, traverser le hameau de Gillangues et rester sur la route qui vire à gauche **(à Marsollat, point de vue sur Le Monestier à droite)**. **4** A la sortie de Marsollat, descendre à droite, devant une croix blanche, sur un chemin goudronné. Après Le Moulin-de-Marsollat, bifurquer à droite sur une piste d'abord goudronnée, puis empierrée. **5** A Martinangues, prendre deux fois à droite. Après 250 m de chemin goudronné, suivre à droite un chemin de terre bordé de clôtures et rejoindre Le Monestier.

*Le portail à pinacles de l'église du Monestier. -PE-*

## TRONÇON
### Le Monestier • Ambert
**10 km | 2 h 45**

• **Le Monestier :**
A la cabine téléphonique, descendre sur la gauche.

> Hors circuit à droite pour visiter Le Monestier et découvrir, depuis la statue de la Vierge, **le panorama sur Ambert, la vallée de la Dore et les crêtes du Forez**.

**6** Au carrefour en bas du Monestier, devant une maison, suivre la petite route à gauche. Après la dernière bâtisse, emprunter le chemin goudronné de Barbat et, immédiatement à la patte-d'oie, prendre la piste à droite. **7** A un carrefour important, alors que la piste principale vire à gauche, continuer tout droit. Au niveau d'une zone dégagée, bifurquer franchement à droite sur un chemin herbeux. **8** A la maison de Saint-Jean, tourner à gauche sur la D 996 (passage dangereux). La quitter après 250 m pour suivre, en sous-bois, un chemin de terre descendant en lacets. Prendre à gauche à côté du pont et rejoindre un chemin goudronné. A la ferme de La Vialatte, poursuivre sur un chemin herbeux. Au hameau de Charbaud, partir sur la gauche et rejoindre la D 996. **9** Suivre la route sur la droite **(point de vue, après un virage en épingle, sur Ambert, la vallée de la Dore et les crêtes du Forez)** jusqu'à Boisseyre ; traverser le village. **10** Quitter la D 996 à la sortie de Boisseyre et s'engager, à droite, sur un chemin de terre entre un noyer et la dernière maison du village. 200 m plus loin, prendre à gauche un chemin herbeux qui va en s'enfonçant. Bifurquer à gauche au croisement **(point de vue sur Ambert, la vallée de la Dore et les crêtes du Forez)** et traverser Le Cros-de-Dore. **11** A la sortie du hameau, juste après une grande ferme carrée, laisser la route à gauche pour longer un mur à droite, en descente. Rejoindre un sentier au bas du mur et le suivre jusqu'à la D 996. Emprunter la route sur la droite, puis, à 250 m, la première petite route à gauche, en direction du centre aéré. Quitter cette route au premier croisement et continuer tout droit sur un chemin descendant à travers bois jusqu'à la route départementale. **12** Tourner à gauche sur la D 906 et franchir le pont sur la Dore. Suivre l'avenue de La Dore, puis celle du Maréchal-Foch tout droit sur 700 m ; tourner à droite boulevard Sully, puis à gauche, aux feux tricolores suivants, sur le boulevard Henri-IV pour atteindre la mairie ronde d'Ambert.

• **Ambert** : tous commerces et services. Hôtels, camping.

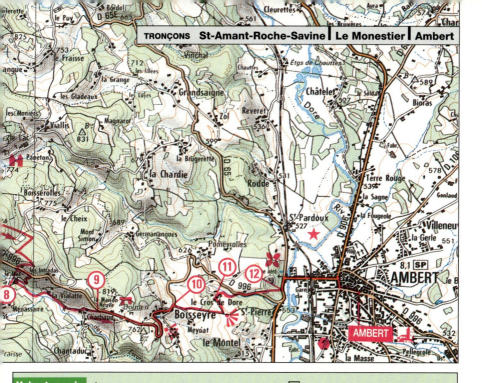

## TRONÇONS St-Amant-Roche-Savine | Le Monestier | Ambert

**Voir et savoir** ★ vallée de la Dore ✂ sentier botanique du bois de Boulogne ⚙ dolmen de Boisseyre dans un champ après 9 ⚑ Saint-Amant-Roche-Savine (voir p. 32) • église romane et du 15ᵉ siècle au Monestier : carré du transept roman, avec coupole sur trompes et chapiteaux sculptés (animal à deux corps, palmettes, entrelacs...) ; portail à pinacles de type livradois du 15ᵉ siècle • église d'Ambert (15ᵉ-16ᵉ siècle) construite en granite clair (portail sud flamboyant et tour carrée Renaissance), abritant une pietà du 16ᵉ siècle en bois polychrome ancien four à pain à Martinangues 🗺 vieille ville d'Ambert avec maisons à pans de bois des 15ᵉ et 16ᵉ siècles ; hôtel de ville circulaire du 19ᵉ siècle (ancienne halle à grains) ; kiosque à musique de 1924 et théâtre inauguré en 1890 sur la place Charles-de-Gaulle ; au nord de cette place, statue de Chauchard à la gloire d'Henri Pourrat ⬢ à Ambert musée de la Fourme et des Techniques fromagères, aménagé dans une maison du 13ᵉ siècle • «aiguille de granite» érigée en obélisque en 1872 provenant des carrières de Courtine, près de Job • centre de VTT à Ambert proposant 13 circuits (départ de la gare).

**A proximité** ★ source de Font-du-Colombier, à proximité du Monestier ✂ carrière de granite à côté du Monestier ⁝ vestiges du château des Escures, où se situe l'action de *Gaspard des Montagnes* • vestiges très restreints du château carolingien de Roche-Savine 🏠 château du Lac (privé) : construit du 13ᵉ au 15ᵉ siècle, ce château, qui appartenait au chef des protestants du Livradois, fut détruit au 16ᵉ siècle par les habitants d'Ambert lors des guerres de Religion ; restauré au 19ᵉ siècle, il a été orné de fresques représentant les guerres napoléoniennes ⬢ musée de la Machine agricole et à vapeur (Agrivap) à Ambert, installé dans une scierie désaffectée près de la gare. Agrivap gère aussi un autorail touristique (le «Panoramique») qui circule l'été entre Courpière et La Chaise-Dieu.

*Le dolmen de Boisseyre. -HM-*

## DES SAVOIR-FAIRE, DES SAVOIR-VIVRE
# La construction d'une maison en pisé

L'assise **(1)** d'un mur est toujours en maçonne- rie classique (pierres et mortier), sinon le pisé prendrait l'humidité du sol et la maison, sur de telles fondations, ne tarderait pas à s'écrouler.

Tandis qu'un ou deux hommes préparent la terre **(2)**, **le gore**, qui doit être ni trop sableuse ni trop argileuse pour la circonstance, d'autres la déposent entre les **banches (3)**. La terre est étalée en une couche de 8 à 10 cm d'épaisseur, constituant une **terrassée**. Celle-ci est damée successivement à l'aide de **pilons (4)**, de section de plus en plus grosse.

Neuf ou dix terrassées constituent une **levée (5)** de 90 cm, de la hauteur des banches **(3)** donc. Les levées sont effectuées par deux ; au-delà, on risque l'effondrement, et il faut laisser une quinzaine de jours sécher avant de réaliser une nouvelle banchée...

A chaque levée, on donne un léger **fruit**, c'est-à-dire qu'on réduit très légèrement la largeur (1 cm tous les 90 cm), à l'aide des **badaillons** ou **étrésillons** (voir dessin ci-dessous) et d'un fil à plomb **(6)** dont le carré supérieur est rogné d'un centimètre du côté du mur. Entre chaque levée, horizontalement, et à chaque reprise latérale de banche sont déposés des filets de chaux **(7)**, **les reprises,** qu'on retrouve aussi dans les angles à chaque terrassée afin de les renforcer.

Ces reprises, même de loin, sont parfaitement visibles sur les murs et signent leur mode de construction, tout comme les lumières **(8)** laissées par les jougs des coffrages (voir ci-dessous). Ces vides sont rebouchés sur les murs des maisons d'habitation mais demeurent le plus souvent sur les murs de clôture des jardins et sur ceux des bâtiments d'exploitation.

Dans ce type de construction, les ouvertures sont réalisées a posteriori. Après traçage au ciseau sur le mur terminé des futurs emplacements des portes et des fenêtres, on démolit **(9)** le pisé au pic et au marteau à brique.

> **LA TERRE CRUE** est un excellent matériau de construction qui a été énormément utilisé dans tout le parc Livradois-Forez, soit d'une façon exclusive, soit en association avec la pierre. Actuellement, plus de soixante communes du Parc ont un patrimoine traditionnel bâti en partie ou en totalité en terre, notamment en pisé[1]. [...] La grande zone d'utilisation de la terre suit le cours de la Dore, depuis Dore-l'Église jusqu'à Ris, et se rattache à un vaste territoire limagnais où la terre a été un matériau de choix dès l'époque celte. Mais la zone «mord» largement sur la montagne de part et d'autre du bassin d'Ambert, grimpe haut dans la montagne thiernoise et recouvre tout le nord des monts du Livradois, en incluant évidemment le petit bassin de Cunlhat.. Luc BREUILLÉ
>
> [1] Le pisé ne constitue qu'un des exemples d'utilisation de la terre crue. D'autres techniques sont employées en France et en particulier en Auvergne, parmi lesquelles il faut citer : la brique de terre, le torchis, qui associe terre et paille en remplissage d'une ossature en bois, et la bauge, qui met en œuvre elle aussi la terre – choisie très argileuse – et la paille, qui après séchage sont «retranchées», constituant là encore une levée.

L'ouverture des fenêtres et des portes n'est donc pas ici une maçonnerie par «omission», comme dans le cas de la construction en moellons, mais une maçonnerie par «soustraction».

Le pignon terminé, on procède de la même manière pour aménager les emplacements destinés à recevoir les poutres maîtresses.

D'après Le Maçon de pisé, dans »Artisans et Métiers en milieu rural», de MM. JAFFEUX et PRIVAL (voir bibliographie).

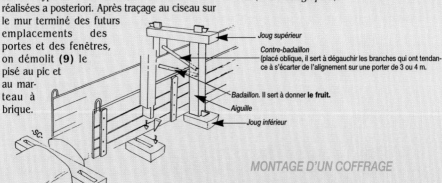

Joug supérieur

Contre-badaillon (placé oblique, il sert à dégauchir les branches qui ont tendance à s'écarter de l'alignement sur une porter de 3 ou 4 m.

Badaillon. Il sert à donner **le fruit.**

Aiguille

Joug inférieur

MONTAGE D'UN COFFRAGE

## ÉTAPE 3

🚲 1 h 50
~ 208 m

**Niveau :** assez facile dans l'ensemble.
**Difficultés :** succession de montées difficiles et parfois techniques entre **1** et **6** – descente très difficile avant **12**.

*Formo on picó à Boisserolles. Une bonne construction en pisé peut durer plus de deux siècles. -DA-*

**CHIFFONNIERS, SCIEURS ET VERRIERS.** La vallée d'altitude qui, depuis le col des Fourches, descend vers Ambert et sert de lit au ruisseau, successivement appelé de Blanval et des Escures, n'a pas véritablement développé par le passé de branches d'activité très importantes ni particulièrement originales.

Au XVIII$^e$ siècle, le canton de Saint-Amant-Roche-Savine contribuait pour une large part à la fabrication du drap et de la toile produite par la fabrique ambertoise, avant de voir progressivement ses «tisseurs» se reconvertir dans des domaines aussi variés que la mercerie (rubans, lacets) et la dentelle à domicile. Plus original fut le commerce des chiffons, qui fit naître de véritables dynasties de chineurs, surnommés «peillarots» (de «peille», chiffon) ou «pataires» (de «patte», morceau de chiffon), et qui se développa dans le sillage de la papeterie locale. En effet, véritables récupérateurs de rebuts textiles, les chiffonniers, au nombre de plusieurs centaines par commune (notamment à Grandval et Bertignat), fournissaient par dizaines les moulins à papier de la région en tissus de lin, chanvre ou coton, d'où leur extraordinaire essor aux XVIII$^e$ et XIX$^e$ siècles.

A défaut de faire tourner un grand nombre de scieries, ce secteur de la montagne livradoise alimentait en travail d'abattage et de sciage deux autres corporations fort réputées jadis, celle des scieurs de long et celle des sabotiers (Saint-Amant-Roche-Savine, Saint-Éloy-la-Glacière, Le Monestier). Ceux-ci œuvraient la plupart du temps sur place, sur des «chantiers» mobiles ou à demeure dans leurs «oubradoux» (ateliers). Cependant, ils ne manquaient jamais de s'expatrier, de l'automne aux premiers beaux jours, dans d'autres régions de France (Normandie, Jura, midi de la France), où ils apportaient leur savoir-faire et d'où ils ramenaient un pécule amassé en vue d'agrandir les terres de la ferme familiale. Il faut ainsi signaler au hameau de La Souderie, près du village de Virennes sur la commune du Monestier, la verrerie qu'exploitèrent sous l'Ancien Régime les gentilshommes De Boissieux, maîtres verriers originaires des environs de La Chaise-Dieu. Leurs fours, chauffés au bois de hêtre, produisaient surtout de la gobeleterie commune soufflée ou moulée (fioles, coupes, verres à pied) à base de silice tirée de rognons de quartz concassés et de «soude» extraite des fougères par calcination.

J.-L. BOITHIAS

# ÉTAPE 4

## Ambert ⬇ Chomy

**10 km | ▼528m - ▲1 097m | 3h00 | 2 tronçons**

*Une courte étape qui nous conduit de la plaine d'Ambert jusqu'aux premiers escarpements des monts du Forez via les antiques vallées papetières de Nouarat et Lagat. Partout, dans ces gorges éventrant la montagne granitique, se lit l'ancienne activité (toujours vivace à Richard-de-Bas) qui fit de la ville d'Ambert un des plus importants centres papetiers français jusqu'à l'aube du XIX$^e$ siècle. Les premiers moulins, bâtisses de pierre et de bois tout à la fois lourdes et élégantes, apparaissent au Petit-Vimal et avec eux, serpentant à flanc de vallée, les béals qui y conduisirent l'eau durant des siècles. Tournant le dos à ces pays d'industrie, on s'engage sur des chemins de solitude, tracés à travers bois et prairies, qui s'élèvent inexorablement vers la montagne ; la terre des paysans s'annonce, celle des ouvriers ne sera bientôt plus qu'un souvenir.*

### Ambert, cité bimillénaire

A mbert c'est, en langue gauloise, «le gué sur - la rivière» : une agglomération établie à l'emplacement de l'actuelle zone industrielle. Ce vicus gallo-romain sera détruit à la fin du second siècle, mais la ville renaîtra un peu plus loin, au point d'inflexion d'un vieil itinéraire nord-sud. C'est là qu'on retrouvera, au X$^e$ siècle, un château à motte et ses annexes, ainsi qu'un petit

C'est à dessein que cette étape est de courte durée. Vous disposerez ainsi de plus de temps pour visiter, si vous le souhaitez, le musée de la Fourme et des Techniques fromagères et celui de la Machine agricole et à vapeur (AGRIVAP) à Ambert ou le moulin Richard-de-Bas, dernier lieu de fabrication du papier dans la tradition des maîtres papetiers ambertois. Pour plus d'information consulter les rubriques «Voir et savoir», respectivement p. 37 et p. 44.

*Après La Richarde, entre le moulin Richard-de-Bas et Chomy. -PE-*

## ÉTAPE 4

bourg castral, qui s'augmentera au levant d'un quartier marchand (autour du Pontel) et au couchant d'un quartier religieux avec l'église Saint-Jean-Baptiste et un petit prieuré bénédictin disparu au XIV$^e$ siècle.

Protégé par sa charte communale dès 1239, Ambert s'est entouré de remparts successifs encore repérables dans le plan actuel. Surtout, la ville devint une importante place artisanale et marchande, travaillant les peaux et la laine, exportant, vers Lyon notamment, basanes, cuirs, parchemins ou draps, étamines et feutres. A partir de 1450, se développèrent sur les «rivières» autour d'Ambert les moulins à papier spécialisés dans la production du papier d'impression, fournisseurs des imprimeurs lyonnais, puis parisiens (voir encadré p. 44-45).

Ravagés par la peste de 1348, par la guerre de Cent Ans, puis par les guerres de Religion, la ville et son «pays» se relevèrent chaque fois grâce à la vitalité de leurs deux industries précapitalistes, la papetière et la textile, qui nourrirent les fortunes des marchands-bourgeois constructeurs, entre 1471 et 1550, de l'actuelle église Saint-Jean. Mais l'isolement, la faiblesse des sources énergétiques, l'insuffisance des investissements allaient devenir de plus en plus anachroniques et rendre difficile le passage à l'économie moderne. Certaines industries (chapelets, tulle, sabots...) perpétuèrent, jusqu'aux années 1950, la vieille association ville-campagne. Les industries textiles assumèrent ponctuellement de remarquables reconversions (voir texte sur la tresse p. 46). Tel ne fut pas le cas de la papeterie, aujourd'hui réduite à un musée vivant (consulter la rubrique «Voir et Savoir» p. 44).

Appuyé sur un arrière-pays hier surpeuplé, Ambert est confronté, comme d'autres villes du département, aux problèmes de la dépopulation et du chômage. La cité fait pourtant preuve d'une résistance que d'autres agglomérations peuvent lui envier. Michel BOY

Sur cette vue aérienne d'Ambert, on reconnaît le tracé de l'ancienne enceinte, remplacée par les boulevards. -HM-

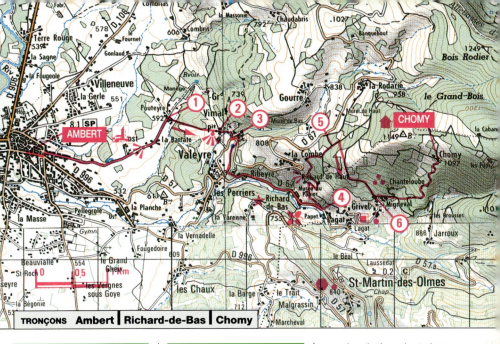

## TRONÇON
### Ambert ● Richard-de-Bas

**4,5 km** | **1 h 15**

● **Ambert** : tous commerces et services. Hôtels, camping.

De la mairie, remonter le boulevard Henri-IV jusqu'à la fontaine. Virer à gauche pour traverser la place du Livradois et s'engager à droite avenue des Tuileries. Continuer tout droit en suivant un balisage VTT noir jusqu'à Pouteyre **(juste après la croix du Bost, on peut voir derrière soi la vallée de la Dore et les monts du Livradois).** **1** Au hameau de Pouteyre, obliquer à droite immédiatement après la première ferme en direction de la Pente-École Delta. 50 m plus loin, laisser un sentier sur la droite pour continuer toujours tout droit sur un chemin terreux qui monte fortement **(avant le hameau de Petit-Vimal, point de vue sur Ambert et la vallée de la Dore).** **2** A la croix de Petit-Vimal, monter à gauche, passer devant l'ancien moulin, puis virer à droite sur la petite route qui rejoint la D 67. **3** Remonter la route sur la gauche et, juste après le hameau de Nouarat, s'engager sur un sentier herbeux à droite qui remonte brusquement vers une maison. Descendre à droite le chemin goudronné puis le sentier. Prendre la D 57 sur la gauche et passer devant le moulin Richard-de-Bas.

## TRONÇON
### Richard-de-Bas ● Chomy

**5,5 km** | **1 h 45**

● **Richard-de-Bas** :

**4** 300 m après le moulin Richard-de-Bas, à l'entrée de Longechaud, virer franchement à gauche sur une petite route. 10 m avant la ferme de Richard-de-Haut, obliquer à droite sur un chemin caillouteux. Traverser le hameau de La Richarde et poursuivre sur le chemin goudronné **(point de vue sur Ambert, la vallée de la Dore et les monts du Livradois)**. 400 m plus loin, bifurquer à droite à hauteur d'une maison sur un sentier herbeux et caillouteux (on quitte le balisage jaune). Au cours de l'ascension, s'engager sur le second sentier à gauche, toujours en sous-bois, et parvenir à un croisement de chemins. **5** Continuer en face sur 50 m et tourner à droite. Quitter le sentier dans un virage en épingle et descendre à droite jusqu'au hameau de Migneval. **6** A la fontaine-abreuvoir de Migneval, monter derrière la ferme. Juste après la ruine du Vernet, à la patte-d'oie, monter le chemin herbeux à gauche.

> Hors circuit (10 mn AR) : à gauche de la ruine du Vernet, un autre chemin herbeux monte au hameau en ruine de Chanteloube.

**7** A 200 m, à l'intersection, suivre tout droit un chemin qui monte fortement jusqu'à Chomy.

● **Chomy** : gîte de groupe et d'étape (20 places) et restauration : 73.82.41.54.

*Le moulin Richard-de-Bas.* -MA-

# ÉTAPE 4

*Une «chapeletière». -SC-*

*Aujourd'hui encore, le bassin d'Ambert produit des Sandows. Les Établissements Joubert sont leaders en ce domaine. -SC-*

## DU PAPIER, DES TRESSES ET DES PERLES.

*Lorsqu'on quitte Ambert pour le col des Pradeaux et de la Croix-de-l'Homme-Mort, on ne s'imagine pas en train d'arpenter l'ancienne route commerciale de Lyon, ni de pénétrer dans ce qui fut jadis l'un des berceaux de la papeterie française, à savoir la vallée de Valeyre avec ses deux rameaux principaux de Nouarat et de Lagat. Les moulins à papier à contreforts de pierre et séchoirs de bois apparents qui jalonnent ce vieil itinéraire de vallée révèlent en effet au promeneur, par le pittoresque de leurs sites et de leurs architectures, l'importance acquise dès la fin du XVe siècle par la fabrication du papier de chiffon fait feuille à feuille, «à la main» ou «à la cuve» selon les expressions consacrées. Véritable «révolution» des techniques et des savoir-faire qui fit du parchemin un produit obsolète et de la «feuille blanche» un support bon marché de l'imprimerie naissante et un diffuseur universel de toutes les formes de la pensée humaine.*

*C'est ici, au sein même de ces antiques bâtisses de pierre et de*

*bois auréolées de gloire, que se produisit au milieu du siècle dernier un second miracle économique, véritable «révolution industrielle» pour toute cette vallée du Livradois. Parties de Saint-Chamond, de Saint-Étienne et d'Annonay, les industries de la tresse et du chapelet franchirent successivement les crêtes du Forez dans les années 1850 à la recherche de sous-traitants et de nouveaux sites hydrauliques pour faire tourner les métiers à tresser le lacet et à guillocher les*

---

**Voir et savoir** ★ vallées de la Dore et du ruisseau de Lagat (anciens moulins à papier) 🚶 sentier botanique au moulin Richard-de-Bas ∴ hameau en ruine de Chanteloube (hors circuit), au milieu des bois : petite fontaine et anciennes rues pavées ✝ belle croix en granite au hameau de Petit-Vimal • Vierge en bois (1706) au bord de la route entre 3 et 4 ▪ hameau de Chomy en reconstruction 🏠 Ambert : voir p.37 ⬣ moulin Richard-de-Bas (musée du Papier) entre 3 et 4 • entre Petit-Vimal et Nouarat : béal en surplomb de la route • ancien moulin à papier (privé) du 15e siècle à Nouarat, cadran solaire • peinture et sculpture sur pierre à Richard-de-Bas.

**A proximité** ∴ ancien village d'Olmes en ruine ✝ croix à Grivel et à Lagat (17e siècle) • beau portail sud de l'église (15e siècle) de Saint-Martin-des-Olmes ▪ moulin à eau à Lagat • «font di Martelos» au-dessus de Lagat, ou «fontaine des Timbrés», dont l'eau est blanchâtre et amère • cuve de granite posée sur 4 têtes sculptées à Saint-Martin-des-Olmes ⬣ tailleur de pierre à Longechaud, vers 4 • musée de l'École 1900 à Saint-Martin-des-Olmes.

 **1 h 40**

**~ 590 m**

**Niveau :** difficile, avec trois passages très difficiles.

**Difficultés :** montée très difficile et technique entre 1 et 2 – entre 3 et 4 : descente, puis montée très courte sur sentiers étroits ; forte descente, très difficile et très technique, jusqu'à la route, sur sentier étroit – montée très difficile entre 4 et 5, technique puis très technique sur sentier étroit et cahoteux (700 m).

**Variante :** entre 5 et Chomy, itinéraire plus roulant mais toujours très difficile.

# Ambert - Chomy

L'ancienne papeterie des Meyts, à Ambert, devenue fabrique de tresses à partir de 1850. -JLB-

perles. Moulins fariniers désaffectés et papeteries en déshérence sur le versant ouest de la montagne jusqu'à la Dore : tels furent les lieux d'élection des pionniers de la tresse (les familles Berne et Rivollier) et des premières laceteries ambertoises (Les Meyts à Ambert, La Boule à La Forie). Un demi-siècle plus tard, elles seront une douzaine établies en contrepoint sur les principaux ruisseaux débouchant dans la vallée (ruisseaux du Batifol, de Valeyre, de Carcasse), toutes dirigées par les fils ou petits-fils des premiers arrivants ou par d'anciens contremaîtres installés à leur compte à Ribeyre, La Ribbe, Petit-Vimal, etc. Plus tardive, la fabrication des perles d'os et de coco pour les chapelets investira tout d'abord un ancien moulin à farine ambertois, le moulin du Petit-Cheix, sous les auspices de deux associés, Ouvry et Beraudy, auparavant installés à Saint-Étienne dans le commerce des chapelets destinés au pèlerinage de Lalouvesc en Ardèche. Les fabrications de perles, chaînes, croix et médailles s'effectuaient dans des ateliers de menuiserie et de fonderie qui ne tardèrent pas, au hasard des multiples associations et séparations familiales, à se disperser dans plusieurs endroits de la ville et à devenir complémentaires de la fabrication, l'assemblage ou «montage» des chapelets qui se faisaient à la campagne, au domicile d'ouvrières travaillant «en temps perdu» durant la garde des troupeaux, grâce à un judicieux réseau de dépôts et sous-dépôts installés dans un grand nombre de communes de la montagne. Ces deux industries de la fin du XIX$^e$ siècle et du début du XX$^e$ sont encore on ne peut plus vivaces et bien représentées, surtout la tresse, qui a acquis ses lettres de noblesse en se reconvertissant dans les produits de haute technologie (tresses élastiques, gaines isolantes, câbles et clôtures électriques, etc.), mais également, dans une moindre mesure, la perle, qui est sortie de son cadre strictement religieux pour se placer sur le marché de l'article fantaisie. Toujours est-il qu'à elles deux, la tresse et la perle représentent aujourd'hui encore, et plus que jamais, l'image de marque fétiche de tout le bassin d'emploi ambertois.

J.-L. BOITHIAS

---

**LE SIÈCLE D'OR DE LA PAPETERIE LIVRADOISE.**

*Des légendes tardives ont voulu faire remonter la papeterie d'Ambert aux croisades. En vérité, si un premier moulin à papier a bien pu tourner dès les années 1430, le développement des papeteries ne date que du dernier quart du XV$^e$ siècle. Il reste lié à l'essor de la place marchande de Lyon et à l'aventure de l'imprimerie lyonnaise. Au XVI$^e$ siècle, Ambert fournira jusqu'à 80 % du papier utilisé ou exporté par Lyon. Les moulins livradois gagneront là la réputation d'excellence qu'ils garderont jusqu'en 1790.* Michel BOY

---

«Deux ouvriers plongent la forme dans la cuve, couchent sur les feutres les feuilles une à une ; ou bien claquant de leurs sabots la terre battue, le crâne appuyé à la barre du tour, ils font grincer la presse qui essore la pile de feuilles et de feutres.»
Henri Pourrat.
-JLB-

## DES SAVOIR-FAIRE, DES SAVOIR-VIVRE

# Du lacet aux produits pour la haute technologie : la tresse

L'activité du tressage est arrivée dans les années 1840 dans le bassin d'Ambert avec des entrepreneurs venus du département voisin, la Loire. La technique originelle en est simple, et son illustration la plus classique reste encore celle de la natte de cheveux.

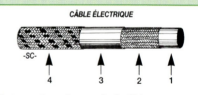

**CÂBLE ÉLECTRIQUE**

1 Ame en cuivre recuit rouge ou étamé multibrins
2 Tresse polyester haute tenacité.
3 Ruban polyester isolant.
4 Tresse polyester haute tenacité.

La première production, et la plus importante (jusque dans les années 1930) dans le bassin d'Ambert, fut celle des lacets. Ceux-ci, plats ou ronds, en coton, en soie et, plus tard, en rayonne – la soie artificielle –, étaient largement employés pour fermer les chaussures, les bottines en particulier, mais aussi pour l'habillement. Aujourd'hui encore, quatre entreprises de la région poursuivent cette production. Parallèlement à celle-ci et jusqu'à la Seconde Guerre mondiale, l'activité de la tresse va trouver des débouchés dans la fabrication de bordures de pantoufles, constituées par une tresse plate de 12 à 15 mm de large et remplacées de nos jours par des produits tissés, dans la passementerie, à laquelle on faisait largement appel pour la décoration des vêtements et des sièges (fauteuils, canapés), dans la chapellerie, qui réclamait de la tresse de crin, etc.

Un peu avant guerre, dans les années 1930, va apparaître la tresse élastique, dont le premier débouché sera assuré par les fabricants de linge de corps, puis viendra le Sandow, encore produit aujourd'hui (par les Établissements Joubert à La Forie, par exemple), avec le simple élastique pour les remorques de camion, entre autres.

Un peu après 1945, plusieurs entreprises du bassin d'Ambert vont démarrer la fabrication de gaines isolantes électriques, particulièrement développée de nos jours dans les Établissements Berne (La Forie), Favier (Bertignat) et Omérin (Ambert). Ces produits, en fil de verre «silionne», en fil polyester, enduits de vernis glycérophtalique ou polyuréthane, sont largement employés dans le cadre de la fabrication des moteurs électriques, des transformateurs, de matériel de climatisation, de groupes réfrigérants, et présentent des tolérances thermiques remarquables, les températures d'utilisation variant pour certaines de −55°C à +230°C.

Dans les Établissements Berne, à La Forie.
-PE-

## ÉTAPE 5

# Chomy

# Le Jas-du-Mas

**16,7 km | ▼1 038 m - ▲1 314 m | 4 h 45 | 2 tronçons**

«Après avoir laissé derrière soi les vallées papetières, l'on entre dans le domaine des "hautes chaumes", des pâturages et des grands espaces. Là, entre 1 200 et 1 400 m d'altitude, l'homme quitte le monde du commerce et de l'industrie pour celui des estives et de la transhumance.
Aux moulins et papeteries succèdent à présent les "jas", fermettes d'altitude tassées dans les bruyères et les sorbiers, dont les toits de paille sont, à perte de vue, comme autant de jalons posés sur l'immensité de la montagne (Le Grand-Genévrier, Pégrol, La Richarde).»
Jean-Louis Boithias

Les paysages traversés, et ceux de l'étape qui suit, sont exceptionnels, uniques peut-être, et ont conduit l'État à les classer à l'inventaire des sites. Regardez où vous posez les pieds, ouvrez les yeux...le grand spectacle va commencer.

### Les Hautes-Chaumes

Aujourd'hui, au-dessus de la limite forestière, la zone sommitale des monts du Forez est recouverte de landes et pelouses d'altitude (de 1 200 à 1 635 m) appelées Hautes-Chaumes. Leur originalité tient au fait qu'elles relèvent pour une partie de ce que les géographes appellent l'étage subalpin. Les Hautes-Chaumes se répartissent en deux grandes zones d'altitude et d'écologie très différentes : les Hautes-Chaumes montagnardes et les Hautes-Chaumes subalpines.
Les premières occupent la plus grande partie des surfaces comprises entre 1 200 et 1 450 m d'altitude. Territoires autrefois occupés par la forêt, puis défrichés, ils sont peuplés aujourd'hui

*Suite du texte page 50*

*Pierre-sur-Haute, point culminant des monts du Forez. -CT-*

# TRONÇONS Chomy | Les Pradeaux | Le Jas-du-Mas

## TRONÇON
### Chomy ● Les Pradeaux
**5,2 km | 1 h 30**

● **Chomy** : gîte de groupe et d'étape (20 places) et restauration : 73.82.41.54.
(Vue sur la vallée de la Dore, les monts du Livradois, la chaîne des Puys et le Sancy, ainsi qu'entre 1 et 2 et plus loin sur le sud du Forez.). Emprunter un chemin grimpant au-dessus du hameau. **1** A la première intersection, tourner à droite entre les genêts. Au carrefour de cinq chemins, prendre le plus à droite. Rester sur cette piste en laissant successivement un chemin à droite puis à gauche. **2** Emprunter la piste à droite (tracé commun jusqu'aux Pradeaux avec une piste équestre balisée en orange et le GR 330, balisé blanc et rouge). Au carrefour des Pradeaux, tourner à gauche.

● **Les Pradeaux** : foyer de ski nordique (30 places) ouvert toute l'année : 73.95.43.65.

## TRONÇON
### Les Pradeaux ● Le Jas-du-Mas
**11,5 km | 3 h 15**

● **Les Pradeaux :**
**3** Au col des Pradeaux, immédiatement après le pont, monter sur la piste à gauche. **4** Au barrage des Pradeaux, suivre la berge du lac. Le chemin se rétrécit au bout et devient un sentier entre les plantations. A l'intersection, remonter à droite, couper un croisement et déboucher plus haut dans de jeunes plantations et des pâturages (**point de vue sur le lac des Pradeaux**). Entrer à nouveau dans les plantations. **5** A l'intersection, prendre franchement à gauche : le bon chemin rentre dans les plantations. A la patte-d'oie, descendre à droite le chemin herbeux en lisière de sapins. **6** 20 m avant Les Jasseries-des-Mortes, remonter sur le chemin à gauche ; traverser une plantation et s'engager sur la piste forestière en face (**très beaux points de vue sur la Margeride, le Velay et le mont Lozère**). **7** A la patte-d'oie, prendre à droite et continuer tout droit sur la piste. Au croisement, s'engager à droite sur 250 m, faire 20 m à droite sur la route et prendre un chemin à gauche qui conduit à Barlot. **8** Bifurquer à droite à la ferme de Barlot et longer un muret de granite. Continuer à

## Chomy - Le Jas-du-Mas

*Le gîte du Jas-du-Mas. -DA-*

**Voir et savoir** ★ rocher Y
• lac du barrage des Pradeaux en **4**
 myrtilles, gentianes, narcisses et tulipes en de nombreux points du parcours ✝ croix en granite en **10**, avant Le Fayt ■ hameau de Chomy
• Les Jasseries-des-Mortes en **6** •
chemin pavé et vieux pont entre Barlot et Le Chomet et après **8**..

**2 h 15**
**~ 750 m**

**Niveau :** difficile. Cette étape comporte de nombreuses montées, surtout à la fin, mais, pour la plupart, les chemins sont roulants.
**Difficultés :** montées difficiles entre Chomy et **7**, localement très techniques et très difficiles (ornières et herbe) – descente difficile et très technique jusqu'au pont, entre **8** et **9** – montées difficiles à très difficiles du pont jusqu'à l'arrivée ; la dernière montée, sur un chemin envahi par les herbes, est particulièrement dure.

gauche au premier embranchement, puis virer à gauche sur un chemin pavé. Franchir le vieux pont avant de s'engager à gauche à la patte-d'oie. **9** A l'entrée du hameau du Chomet, suivre la route à gauche sur 10 m, puis prendre le chemin de gauche, qui recoupe la route 200 m plus haut ; poursuivre en face. **10** A la croix, continuer tout droit en direction du Fayt. Passer devant une statue de la Vierge et traverser le village. Aux dernières maisons, continuer tout droit sur un chemin (**point de vue sur la tour du château de La Roue et les vallées de l'Ance et de l'Ancette**) qui monte jusqu'à une route. **11** Emprunter la D 139 à gauche, sur 20 m, puis un chemin herbeux qui s'élève à droite (**vue sur la tour du château de La Roue et les vallées de l'Ance et de l'Ancette**). Poursuivre tout droit : le chemin, de plus en plus herbeux, passe à gauche du sommet de la butte avant de descendre légèrement vers Le Jas-du-Mas.
• **Le Jas-du-Mas** : gîte-auberge RANDO'PLUME, tél. 73.95.80.65.

*Le barrage des Pradeaux. -HM-*

# ÉTAPE 5

## LE CINCLE PLONGEUR

Quiconque se promène avec attention le long des ruisseaux torrentiels ou des rivières paisibles a déjà vu passer le cincle tel un boulet de canon. Son cri mélodique le trahit, mais pour avoir la chance de l'admirer, il faut le surprendre sur un rocher lorsqu'il scrute le fond de la rivière. Le merle d'eau est bien évidemment noir. Cependant, il possède sur le poitrail une belle bavette blanche. De la taille d'un merle, il est plus rondelet et possède une queue plus courte. Mais ce qui fait sa singularité, c'est sa façon de vivre. Il passe une bonne partie de son temps dans l'eau à retourner les petites pierres avec son bec en quête d'insectes aquatiques. La plongée dure en moyenne 5 ou 6 secondes. L'oiseau s'aide de ses ailes et de ses pattes pour se déplacer au fond de la rivière. Toute sa vie, les cours d'eau sont les seuls lieux où l'on peut le rencontrer ; il commence à pondre début mars dans un nid volumineux fait de mousse, caché à l'abri d'un rocher ou sous un pont, ou dans le creux d'une souche.

Serge CHALEIL

Femelle de lézard vivipare (on notera l'abdomen distendu de cette femelle qui incube ses œufs dans son ventre, à l'inverse des autres lézardes, qui les déposent dans des cavités du sol)

Vipère péliade

---

*Suite de la page 47*

de groupements de substitution : landes pauvres à callune (fausse bruyère), genêt poilu, myrtille, pelouse maigre à nard raide. Lorsque l'activité pastorale cesse, cette végétation se stabilise et évolue rapidement vers des stades arbustifs (sorbiers, alisiers, pins sylvestres...) ou forestiers (hêtraie ou sapinière).

Les secondes, situées au-dessus de l'étage montagnard, à l'étage subalpin, constituent la véritable originalité des Hautes-Chaumes du Forez. Dans les Alpes, l'étage subalpin est peuplé d'épicéas, de mélèzes et de pins de montagne. Mais dans le Massif central, où ces essences ne sont pas spontanées, il n'est pas boisé.

Les Hautes-Chaumes subalpines sont occupées, principalement, par des landes à airelles (airelle des marais et airelle myrtille) en mosaïque avec des pelouses. Des conditions climatiques particulièrement rudes (pluie, neige, vents violents, températures basses) assurent le maintien d'espèces végétales rares.

Certaines ne sont abondantes, aujourd'hui, que dans les toundras d'Europe du Nord ou sur les sommets des Alpes et des Pyrénées. Les glaciers ont modelé le territoire selon les formes les plus variées : guirlandes de gelifluxion, cirques de névés, rebords de cirques glaciaires, roches polies... A cet étage, on trouve de nombreuses espèces rares : andromède, lycopodes, laîche de vase, ail de la Victoire, lis Martagon, sorbier nain... De nombreux oiseaux fréquentent les Hautes-Chaumes ; c'est le cas du merle à plastron, du pipit spioncelle, du merle de roche, de l'accenteur alpin, du traquet motteux, des busards cendré et Saint-Martin... Certains cols (Béal, Chamboîte, Barracuchet) voient d'importantes migrations d'oiseaux à l'automne et au printemps. Vanesse Aquilon, Nacré de la Canneberge et Cœnonympha Gardetta sont les représentants des papillons les plus remarquables de ces hautes terres. Le lézard vivipare et son prédateur, la vipère péliade, sont les principaux habitants reptiliens. Chez les batraciens, la grenouille rousse, le triton alpestre et le triton palmé sont répandus essentiellement dans les zones les plus humides. Éric SOURP

## LES HAUTES-CHAUMES DU FOREZ, «SITE CLASSÉ»

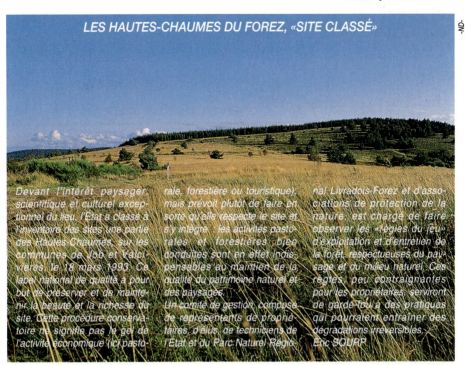

Devant l'intérêt paysager, scientifique et culturel exceptionnel du lieu, l'État a classé à l'inventaire des sites une partie des Hautes-Chaumes, sur les communes de Job et Valcivières, le 18 mars 1993. Ce label national de qualité a pour but de préserver et de maintenir la beauté et la richesse du site. Cette procédure conservatoire ne signifie pas le gel de l'activité économique (ici pastorale, forestière ou touristique), mais prévoit plutôt de faire en sorte qu'elle respecte le site et s'y intègre ; les activités pastorales et forestières, bien conduites sont en effet indispensables au maintien de la qualité du patrimoine naturel et des paysages.

Un comité de gestion, composé de représentants de propriétaires, d'élus, de techniciens de l'État et du Parc Naturel Régional Livradois-Forez et d'associations de protection de la nature, est chargé de faire observer les «règles du jeu» d'exploitation et d'entretien de la forêt, respectueuses du paysage et du milieu naturel. Ces règles, peu contraignantes pour les propriétaires, serviront de garde-fou à des pratiques qui pourraient entraîner des dégradations irréversibles.
Éric SOURP

---

**LES TOURBIÈRES.** En elles-mêmes, les tourbières représentent des joyaux floristiques et faunistiques, de véritables sanctuaires pour des espèces aujourd'hui disparues partout ailleurs dans la région.

Ces tourbières ont servi de refuge à quelques plantes subsistant depuis l'époque glaciaire, qui sont nommées pour cela «relictes glaciaires» : andromède, laîche pauciflore, laîche de la vase... Elles comportent un bon nombre de petits arbrisseaux à baies : airelle myrtille, airelle des marais, airelle rouge, camarine, canneberge, et des plantes insectivores s'y développent (pinguicule vulgaire, pinguicule à grandes fleurs, drosera à feuilles rondes).

En ce qui concerne la vie animale, seuls certains invertébrés (papillons et libellules notamment) sont spécifiques de ce milieu. Quelques reptiles, de répartition plutôt nordique, les fréquentent plus particulièrement, comme le lézard vivipare et la vipère péliade. Éric SOURP

Callune (fleurs roses) et linaigrette (herbe à coton) dans le haut marais d'une tourbière. -PE-

# ÉTAPE 6

# Le Jas-du-Mas
⬇
# Chalet-de-la-Roche

**16,5 km | ▼1 013m - ▲1 482m | 5h15 | 3 tronçons**

*« Rien que des croupes ni vertes ni rousses, brunes de bruyères par places, où le pas des vaches a tracé des chemins d'herbe rase ; rien que les lourdes ondes de ces bourrelets et de ces combes, avec leurs bastions d'énormes granites usés s'épanchant en cavernes ; et dans les fonds, tourné vers le Midi, parfois un rang de pauvres cabanes. On se sent si léger, si dispos de son corps, qu'on irait tant qu'ils seraient longs dans ce désert. Sur ces terrasses, au-dessus des pays ! De toute la poitrine on y prend la santé, la pureté de l'air. »* Henri Pourrat.

*« Le lever du soleil est peut-être plus beau à contempler que du sommet du puy de Dôme. Si un léger vent du nord purifie le ciel sans trop embrumer les lointains, on voit le soleil levant éclairer toutes les Alpes occidentales, puis lancer ses rayons à l'ouest jusqu'aux Monts-Dore, à cette distance légère dentelle de monts, tout aérienne comme la dentelle alpine... »*
Lucien Gachon.

## Les Hautes Chaumes et les jasseries du Forez

Les Hautes Chaumes occupent les crêtes du Massif du Forez, entre le Puy-de-Dôme et la Loire. Leur domaine s'étire sur 25 km du nord au sud, traversant le territoire de cinq communes d'Auvergne : Le Brugeron, Saint-Pierre-la-Bourlhonne, Job, Valcivières, Saint-Anthème. Ces montagnes ont toujours été dévolues à l'élevage laitier et à la production traditionnelle de la fourme d'Ambert.

L'abri d'estive, le jas, commun pour bêtes et gens, est un petit édifice bas, adossé à la pente de la montagne. Ce bâtiment, comprenant sous un même toit le logis familial, l'étable et le fenil, sert aussi de fromagerie. Avec ses pâturages aménagés et son système hydraulique, il forme la jasserie. Tous les jas se présentent sur le même plan allongé, de forme rectangulaire. La largeur du bâtiment reste constante, entre 7 et 8 mètres, distance nécessaire à l'établissement dans l'étable de deux rangées de crèches séparées par une allée centrale. La longueur varie selon l'importance du troupeau. Les murs sont construits en moellons de granite irréguliers, auxquels se mêlent parfois des blocs de quartz. Les ouvertures sont rares et étroites. Dans la zone nord, au col du Béal, les toits à très faible pente ont toujours été couverts en tuiles creuses. Dans la zone sud, au col des Supeyres, les toits de chaume dominent.

Les jas les plus anciens sont bas, en rez-de-chaussée et comble, à une seule porte commune pour les hommes et le bétail. L'entrée se fait directement dans l'étable, toujours planchéiée et comportant une rase centrale, en contrebas de

## Le Jas-du-Mas - Chalet-de-la-Roche

quelques centimètres. Une cloison de bois la sépare du logis-fromagerie. Côté logis, les lits clos sont aménagés contre la cloison, bénéficiant ainsi de la chaleur des bêtes. Au fond de la pièce, une porte donne accès à la cave à fromage, toujours orientée au nord. Au-dessus de l'étable et du logis règne le fenil. Dans les jas plus tardifs, la séparation entre étable et logis se marque davantage : portes spécifiques pour bêtes et gens, création d'une petite chambre dans un étage de comble au-dessus du logis.

En amont du jas, une source captée est canalisée vers un réservoir ou une serve. De là partent deux canaux : l'un se dirige vers la cave semi enterrée attenante au jas. L'eau y entretient fraîcheur et humidité indispensables à l'affinage des fourmes. L'autre conduit pénètre dans l'étable et débouche dans la rase centrale qui la traverse dans le sens de la longueur.

Deux fois par jour, le plancher de l'étable est balayé et le fumier glisse dans la rase. La bonde qui obstrue l'arrivée d'eau est alors ôtée, l'eau se déverse dans la rase, emportant le fumier avec elle et sort à l'autre extrémité de l'étable par un trou pratiqué dans le mur. Récupéré et canalisé dans des rigoles sillonnant le pâturage, cet engrais naturel irrigue et fertilise les prés par submersions successives.

Marceline BRUNET

*Plan d'une jasserie. -SC-*

**ÉTAT DES LIEUX EN 1987.**
«Le patrimoine bâti des zones pastorales est extrêmement précaire dans le temps. Pour s'en tenir au seul Forez, on situe le début du dépeuplement vers 1850 (G. Berger). Dès 1926, un quart des jasseries est en ruine d'après une estimation de J.-P. Couhert. A partir de 1940, et avec l'abandon progressif de l'estive, ce sont 15 à 20 bâtiments par an qui tombent en ruine. Vers 1970, une certaine stabilisation s'effectue car de nombreux résidents secondaires de la Loire ou du Rhône réhabilitent certaines jasseries. En 1987, un inventaire exhaustif, effectué sur huit communes du versant auvergnat par C. Gathier pour le compte du Centre Régional de l'Habitat et des Paysages (C.R.H.P.), donne une bonne idée de la situation : sur 153 bâtiments, 39 sont sans utilisation, 5 sont en ruine ; on dénombre 69 résidences secondaires, 29 locaux à usage agropastoral et 11 gîtes d'étape ou relais. De l'inventaire, qui concerne au total 300 bâtiments, les auteurs tirent les conclusions suivantes : 80, peu entretenus, risquent de disparaître à brève échéance par dégradation de la toiture ; 130 bénéficient d'un entretien régulier ; 90 se situent dans un état intermédiaire.

Des propositions sont faites aux propriétaires pour qu'ils conservent au patrimoine bâti son volume, ses matériaux traditionnels (granite, chaume, tuile creuse), ses ouvertures dans l'esprit de l'entité régionale forézienne. Encore faut-il que l'environnement agropastoral garde un certain cachet. Lorsque nous avons photographié les jasseries de Fayevie (Grandrif) en 1974 (1), les bâtiments étaient visibles de loin en venant des Pradeaux. Aujourd'hui, ces résidences secondaires sont cernées par une «mer» d'épicéas...

Extrait de : «Espaces pastoraux, habitat d'estive, chemins de transhumance, savoir-faire fromagers : l'exemple du Cantal et du Forez», de Marc Prival et Bernard Delmas, in Des Régions paysannes aux espaces fragiles, CERAMAC, Clermont-Ferrand, 1992..
(1) MAILHOT (G.), PRIVAL (M.), Inventaire photographique pour le musée des Arts et Traditions populaires, à Paris (chantier dit «1425»), 1974.

# ÉTAPE 6

**TRONÇON**
**Le Jas-du-Mas** •
**Le col des Supeyres**

4,5 km | 1 h 30

• **Le Jas-du-Mas** : gîte-auberge RANDO'PLUME - Tél. 73.95.80.65.
Du parking, prendre le chemin en direction du croisement de La Patte-d'Oie. Revenir sur le gîte à la première intersection (tracé commun jusqu'au col des Supeyres avec «la Boucle Dore», piste équestre balisée en orange) et s'engager à droite pour longer une clôture à main gauche. Continuer sur un sentier très humide, franchir un ruisseau et suivre une bonne piste, qui devient herbeuse en descente. Tourner à droite. **1** A l'intersection, prendre le chemin à droite : il longe puis traverse le ruisseau. Juste après le pont, monter sur un chemin caillouteux, creusé un peu plus haut par de grosses ornières. Continuer l'ascension par le chemin de droite. **2** Traverser les Jasseries-du-Grand-Genévrier. Au parking, monter la D 106 à gauche. Après 450 m, tourner sur le chemin à gauche et faire 120 m. **3** Monter sur le premier chemin herbeux. Il entre dans un sous-bois de hêtres, puis traverse tout droit une lande de bruyères. Suivre à nouveau la D 106 à gauche.

**TRONÇON**
**Le col des Supeyres** •
**La croix du Fossat**

6,7 km | 2 h 15

• **Le col des Supeyres** :
**4** A la croix du col des Supeyres, s'engager sur la petite route à droite (tracé commun avec une piste équestre balisée en bleu et une PR balisée en jaune). Au bout de la chaussée goudronnée, bifurquer à droite sur un chemin de terre, puis prendre à droite à la patte-d'oie. **5** Continuer tout droit à l'intersection de plusieurs chemins, puis encore tout droit à 50 m

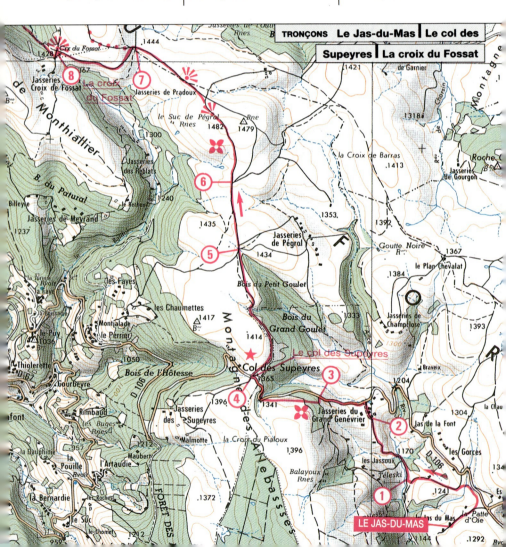

## Le Jas-du-Mas - Chalet-de-la-Roche

(laisser le balisage jaune qui part à droite). **6** Au carrefour, s'engager en face sur le plus petit chemin, creusé d'ornières au départ, puis monter sur un chemin creux, très caillouteux (on suit toujours la piste équestre balisée en bleu, ainsi qu'une PR balisée en vert). Continuer jusqu'au parc à bétail de Pradoux (**du Suc de Pégrol, on découvre les rochers de La Pause et Pierre-sur-Haute, la vallée du ruisseau de Vertolaye – dite Vallée du Fossat – , la chaîne des Puys et les Monts-Dore**). **7** A Pradoux, bifurquer à gauche sur un bon chemin, en laissant le GR 3 à droite.

### UNE RÉHABILITATION RÉUSSIE.

Le jas-auberge du Mas (voir photo p.49) est un premier exemple, appliqué aux monts du Forez, de la double démarche engagée par le Conservatoire des Paysages d'Auvergne, qui consiste à «conserver pour innover». Cette opération s'inscrit dans un travail à moyen terme de valorisation et de sauvegarde du patrimoine remarquable des jasseries sur l'ensemble du massif.

Le Jas-du-Mas est une ancienne jasserie qui se trouvait à l'état de ruine en 1986, et qui a été entièrement reconstruite.

Le programme, défini par les propriétaires, prévoyait l'installation d'un restaurant, de chambres confortables et d'un gîte d'accueil de groupe. Le pari, gagné aujourd'hui, qui consistait à ouvrir un équipement moderne et confortable d'hébergement en pleine montagne, était une occasion privilégiée de montrer que notre patrimoine pouvait être porteur d'innovation : le toit de genêt, les murs de pierre, la charpente, mais aussi les dispositions architecturales intérieures et extérieures évoquent sous une forme transposée, en rapport avec notre sensibilité d'aujourd'hui, ce qu'ont été les jasseries, la vie qu'on y menait, les rapports entre l'extérieur et l'intérieur, et ceux entre le bâti et le paysage.

Le jas-auberge du Mas est le contraire d'un musée ; il a été conçu de telle sorte qu'il paraisse avoir toujours été là,

*Un autre exemple de réhabilitation : la jasserie des Supeyres, en haut : en 1983. -CT- En bas : en 1994. -ND-*

inscrit dans un paysage, sans se cacher pourtant, pour les usages spécifiques du tourisme actuel.

Tout est vrai : le toit de genêt est vraiment en genêt, les lits clos en bois s'inspirent des lits clos des anciennes jasseries, mais ont été conçus pour accueillir des randonneurs et leur matériel, et ceci pour un budget équivalent aux opérations «classiques» qui défigurent nombre de paysages de montagne.

Cette opération exemplaire a été soutenue activement par le Parc Naturel Régional Livradois-Forez et la commune de Saint-Anthème. Elle a été l'occasion d'organiser un chantier-école qui a permis d'initier et de perfectionner une dizaine de personnes au piquage du genêt. D'autres opérations de restauration (et non de reconstruction) de jasseries sont actuellement en préparation sur le massif du Forez.

Luc BREUILLÉ

## ÉTAPE 6

Depuis le col des Supeyres, vue en direction de l'est, vers les jasseries de Champclose. -PE-

**Variante VTT :** Au croisement de Pradoux, monter en face (laisser partir à gauche l'itinéraire pédestre) et poursuivre tout droit. En vue du premier buron de La Richarde, emprunter les traces remontant à droite en direction du col du Béal : elles rejoignent une piste qui mène en face au relais de Pierre-sur-Haute. Descendre la route militaire. Au col du Béal, descendre la route à gauche sur 500 m et s'engager dans un chemin à gauche en direction de Chalet-de-la-Roche. Ce chemin rattrape une grande piste que l'on suit à gauche sur 4 km jusqu'à la maison de Chez Lire. On retrouve alors l'itinéraire pédestre à droite.

### TRONÇON
**La croix du Fossat • Chalet-de-la-Roche**

**5,3 km | 1 h 30**

• **La croix du Fossat :**
**8** A la croix du Fossat (**point de vue sur la vallée du Fossat et sur celle des Reblats**), prendre à droite le chemin herbeux qui descend ; il traverse le ruisseau de Vertolaye et passe, plus loin, à côté d'une ruine. Puis il descend entre hêtres et sapins avant d'atteindre une zone humide (bien rester sur les sentiers tracés durant la descente). **9** A hauteur d'un gué, tourner à gauche. Au bout du pré, continuer sur la piste en face. **10** Dans l'épingle, prendre la D 255 à droite. 300 m plus loin, emprunter la piste à droite, puis, derrière la maison, une allée herbeuse pénétrant entre des sapins. **11** Au

**Voir et savoir** ★ col des Supeyres (1 366 m) en 4 • vallée glaciaire du Fossat (site classé), encombrée de rochers en équilibre instable • éboulis de Peyre Mayou (Variante VTT) • montagne granitique de Pierre-sur-Haute point culminant du Forez (1 634 m), d'où l'on découvre un vaste panorama englobant tout le Forez, les monts du Lyonnais, du Beaujolais et la vallée du Rhône ; d'où l'on peut observer également le Livradois, la Limagne, la chaîne des Puys et les Monts-Dore, les massifs du Cantal, du Velay et du Vivarais ✂ tourbière de la vallée du Fossat en 9 (site protégé) • myrtilles, gentianes et plantes rares de la végétation subalpine ▪ ancien moulin de Chez Lire après 10 • jasseries du Grand-Genévrier en 3 • jasseries de la croix du Fossat en 8 • ancien chemin pavé aux Beaux • ancien buron de La Chamboîte ⛺ myrtilles, liqueur et miel aux Jasseries-du-Grand-Genévrier, ainsi qu'au col du Béal 🍴 au col des Supeyres : «Le chalet des Gentianes», et au col du Béal ◆ «Sentier du Colporteur» au col des Supeyres (sentier à thème créé à l'initiative du Parc).

**A proximité** ✳ panorama depuis le mont Chouvé (1 462 m) • vallée des Reblats ▪ burons de La Richarde ✂ rochers de La Pause entre 8 et 9 ⛺ gîte d'étape à Chalet-des-Blancs (73.82.11.74), location de VTT et ski de fond possible.

## Le Jas-du-Mas - Chalet-de-la-Roche

sortir de la clairière, suivre le chemin qui descend à droite des ruines. Il franchit plusieurs rus avant de longer des maisons et des ruines (**vue sur la vallée du ruisseau de Vertolaye et, au loin, sur le puy de Dôme et la chaîne des Puys**). **12** Parvenu au hameau des Beaux, prendre la route à gauche, puis s'engager tout de suite à droite dans un ancien chemin creux. Arrivé en bas, laisser le chemin virer à droite, passer entre quelques genêts, traverser la route et descendre en face pour gagner Chalet-de-La-Roche.

- **Chalet-de-la-Roche** : gîte d'étape RANDO'PLUME : 73.95.23.35, location de skis, raquettes, VTT, activités avec chiens de traîneau.

*Chevaux au col des Supeyres.*
-DA-

**TRONÇON** La croix du Fossat | Chalet-de-la-Roche

4 h 00
~ 602 m

**Niveau** : difficile et technique. Cette étape offre au vététiste tous les types de terrain.

**Difficultés** : montées difficiles à très difficiles, parfois très techniques, entre **1** et **2**, entre **3** et **4**, et entre **6** et **7** – difficiles localement entre **7** et Pierre-sur-Haute – descentes localement difficiles entre le col du Béal et Chez Lire, ainsi qu'après **11**.

**Variante obligatoire de 7 à 10** : la vallée du Fossat est interdite aux VTT.

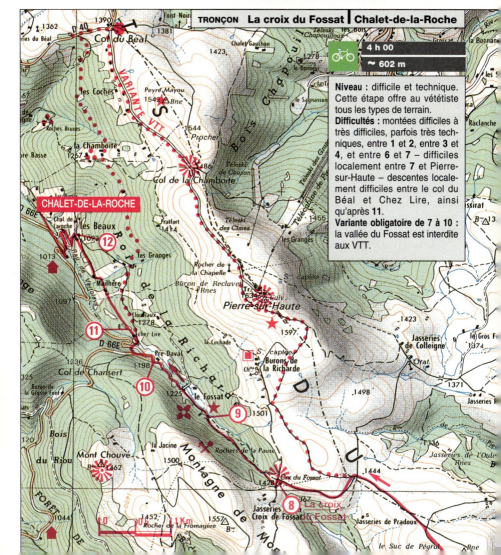

# ÉTAPE 7

## Chalet-de-la-Roche

## Olliergues

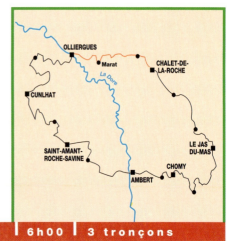

**18,5 km | ▼500m - ▲1 030m | 6h00 | 3 tronçons**

### Le temps de l'estive

Dans les monts du Forez, l'agriculture était de type agropastoral. Elle était dite pastorale parce que chaque été, pour plusieurs mois, les troupeaux de bovins transhumaient vers les chaumes des sommets afin de permettre les fenaisons dans la vallée et le stockage du foin pour l'hiver. Mais par son caractère familial et la proximité de la ferme de la vallée, cette estive était très spécifique. La famille qui, durant la mauvaise saison, résidait dans une ferme de la vallée montait passer l'été sur les sommets, où elle occupait la ferme «d'en haut» : le jas (voir p. 59). Durant la première semaine, l'ensemble de la famille restait sur la montagne car le travail ne manquait pas pour réaménager le bâtiment, replanter le jardin de quelques légumes, refaire les «rases» et fendre le bois pour les flambées de fin de soirée. Certaines familles entières s'installaient là pour toute la belle saison, mais le plus souvent, les hommes redescendaient faner dans

*Domaine du vent, espace d'évasion avec par temps clair des vues incomparables sur la chaîne des Alpes, à l'est, et sur la chaîne des Puys, à l'ouest, c'est aussi celui des forêts profondes et mystérieuses tant l'empreinte de l'homme y paraît discrète. Pourtant, le paysage que nous voyons actuellement a depuis très longtemps été modifié par l'homme. Dès l'époque romaine, l'activité pastorale s'est développée. On le sait grâce à l'analyse des pollens conservés dans les tourbières (voir encadré p. 51). On constate en effet une diminution brutale du hêtre et du sapin au profit d'espèces liées à la présence de l'homme et à son activité pastorale (ortie, oseille, plantain), signe que les hommes défrichent les forêts pour faire paître leurs troupeaux. Dans le reste de la forêt, le hêtre est utilisé comme bois de chauffage, le sapin comme bois d'œuvre de qualité. Le paysage partagé en forêts et pâturages porte ainsi la marque de l'homme.*

*La vallée glaciaire du Fossat. -ND-*

# Chalet-de-la-Roche - Olliergues

les vallées, autour de la ferme «d'en bas», les femmes ayant alors seules la garde du troupeau. Cependant, les allers et venues étaient très fréquents, d'autant que la distance séparant la ferme du jas n'excédait guère dix kilomètres, et, d'ailleurs, le dimanche, il n'était pas rare de voir monter les jeunes gens pour faire danser les vachères au son de l'accordéon. Le troupeau était généralement confié à la plus jeune des filles, qui, dès l'aube, devait conduire les bêtes sur les hauts pâturages. A la mi-journée, elle les redescendait au jas afin de les laisser pacager dans les prés en contrebas jusqu'à la traite du soir. La mère et les filles aînées s'attachaient beaucoup plus à la fabrication du fromage, ainsi qu'à l'entretien de la maison.

## DES ESTIVES DEPUIS TOUJOURS... MAIS JUSQU'A QUAND ?

«Les herbages des Hautes-Chaumes étaient jadis loués par les seigneurs d'Ambert, de La Roue, Boutonnargues ou Olliergues à de riches marchands qui les sous-louaient aux laboureurs aisés. C'est ainsi qu'à Ambert, dans les années 1510, Gabriel Pascal, arrière-grand-oncle de l'auteur des Pensées, louait la «montagne de Pégrol» où, de mai à septembre, paissaient les troupeaux dont le lait servait à fabriquer le «fromage de Roche», ancêtre de la fourme d'Ambert.» Michel BOY
Mais il semble que les estives du Forez ont été exploitées bien avant le XVI$^e$ siècle, puisque déjà lors de la bataille de Gergovie (52 av. J.-C.) les Arvernes consommaient de la fourme. Mais c'est essentiellement avec le grand défrichement du X$^e$ siècle que les pâturages ont gagné sur la forêt. Le paysan exploitera ces herbages d'une manière communautaire jusqu'au XIX$^e$ siècle. Les bâtiments sont alors regroupés sous forme de villages d'été appelés jasseries.
Ce n'est qu'à la fin du XIX$^e$ siècle que le jas individuel se développera au détriment des jasseries (Voir p. 52-53).

Des fermes d'en bas, en passant par les «granges du milieu», le long cortège des troupeaux quittait autrefois, entre la mi-mai et la mi-octobre, le fond de la vallée pour séjourner parmi les bonnes herbes de la montagne, accompagné d'une «vachère» et d'un ou de deux petits «vachereaux».
Traditionnellement, les femmes faisaient la fourme – un gros «cent» par saison –, tandis que les enfants, filles ou garçons, avaient la garde des troupeaux du matin au soir, avec pour seules visites, durant l'été, celles des colporteurs et des coquetiers, des ramasseurs de simples ou de sangsues ou des chasseurs de grives. Les orages violents, le brouillard sournois, la neige précoce : tout était danger en permanence pour le berger et pour les bêtes.
C'est pourquoi l'expérience et l'endurance seules faisaient de ces agriculteurs-nés, au fil des années, des pasteurs-éleveurs confirmés. Aujourd'hui, on compte encore une dizaine de familles de la Loire et du Puy-de-Dôme, gardiennes des traditions et des savoir-faire, qui relient une fois par an la plaine à la montagne. Mais jusqu'à quand pourront-elles encore tenir cette gageure d'un autre siècle ? Jean-Louis BOITHIAS.

Fabrication de la fourme. -JLB-

# ÉTAPE 7

*Chemin pavé aux environs des Beaux. -ND*

### TRONÇON
### Chalet-de-la-Roche • L'Aussedat
**6,5 km | 2 h 15**

• **Chalet-de-la-Roche** : hébergement et ressources (voir p. 57).

**1** Descendre la D 255 sur 500 m. Prendre la piste de La Borie à droite. Monter jusqu'à la ferme. A La Borie, continuer tout droit au croisement sur un chemin herbeux (**point de vue sur la chaîne des Puys et le Sancy**).

> Hors circuit (10 mn, AR) : 600 m après La Borie, vers La Chambre du Milieu (jolie jasserie et beau chemin pavé).

A l'intersection suivante, emprunter, à gauche, une bonne piste forestière (balisage VTT). 1 km plus loin, franchir le ruisseau de Roches-Brunes et remonter un chemin qui mène au Goth-de-la-Montagne. **2** Dans le hameau, se diriger vers la petite route et la suivre sur un peu plus de 500 m. Juste avant La Grangette, tourner à gauche sur un chemin ombragé, humide et cailloteux.

> Variante VTT : au croisement de La Grangette, continuer par la route jusqu'à Saint-Pierre-la-Bourlhonne. Dans le village, prendre la D 40, en direction de Vertolaye, sur 200 m, puis tourner à droite vers le hameau de La Bourlhonne, et encore à droite dans celui-ci pour rejoindre le point 4.

**3** Contourner les hangars du Goutier (**point de vue sur la vallée du ruisseau de Vertolaye**) et emprunter la D 66 à gauche. La quitter en virant nettement à droite sur le premier chemin, goudronné au début et terreux après 500 m. Dépasser la ferme de La Vorgère et s'élever vers la D 40 sur un chemin caillouteux et parfois humide. **4** Couper la D 40 et monter sur une sente herbeuse (**point de vue sur Roches-Brunes**). Traverser le hameau de La Bourlhonne et prendre à gauche un chemin herbeux qui rejoint la D 66 : il l'abandonne aussitôt pour repartir à gauche, en contrebas de la route.

• **Saint-Pierre-la-Bourlhonne** : chambres d'hôtes aux Igonins : 73.95.22.60.

### TRONÇON
### L'Aussedat • Marat
**6 km | 2 h 00**

• **L'Aussedat** :

**5** A la croix de L'Aussedat, emprunter la petite route à gauche. Bifurquer à gauche, en sous-bois, après la seconde croix ; un chemin creux, caillouteux et herbeux, coupe une route et se poursuit en sous-bois. Déboucher sur une piste forestière et la suivre à gauche. **6** Au hameau de Genasse, rester sur le chemin goudronné durant 500 m, puis prendre à droite un chemin caillouteux qui descend à travers bois (**point de vue à la sortie du bois sur la vallée de la Dore et les monts du Livradois**) et rejoint le carrefour de la croix du Gripel. **7** A la croix, tourner à droite sur la D 97. Après le premier virage,

> Tronçon commun jusqu'à Olliergues avec l'étape 1 – en sens inverse du descriptif – de la boucle de week-end Olliergues-Le Brugeron–Aubusson-d'Auvergne ; enchaînement possible à droite avec cette même boucle.

bifurquer à gauche sur une petite route ; au hameau du Gripel, emprunter un chemin de terre à droite qui remonte à la

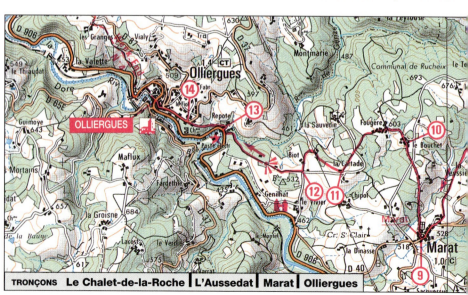

| TRONÇONS | Le Chalet-de-la-Roche | L'Aussedat | Marat | Olliergues |

## Chalet-de-la-Roche - Olliergues

D 97. Tourner à gauche sur la route, puis encore à gauche au carrefour (**point de vue sur les crêtes du Forez et la tour en ruine du Gripel**). **8** Lorsque la chaussée n'est plus goudronnée, se diriger vers la ferme de La Badoche et partir à droite sur un chemin à travers champs, bordé plus loin de clôtures. Longer le bois, puis suivre un sentier très herbeux. Après avoir traversé le ruisseau, prendre la piste à gauche, en lisière d'un bois de conifères puis bordée de clôtures. Au croisement, descendre sur le chemin de terre, puis continuer à gauche sur la petite route. Suivre la D 40 jusqu'à Marat.

Le pont d'Olliergues, en arc brisé sur la Dore. -DD-

3 h 00
~ 323 m

**Niveau :** difficile, voire très difficile, en raison de nombreuses descentes techniques.

**Difficultés :** descente sur sentier étroit, avec des racines en travers, au départ – montée très difficile après **1** jusqu'à La Borie, difficile après La Borie – descente technique jusqu'au ruisseau de Roches-Brunes, puis remontée difficile sur chemin rocheux – un gué à franchir entre **1** et **2** – montée très difficile puis difficile entre **4** et **5** – plusieurs descentes difficiles entre **5** et **9**, parfois sur des chemins herbeux ou sur un mauvais sentier – montée technique entre **8** et **9**, puis difficile entre **9** et **10** – descente courte mais difficile entre **11** et **12** – montée très difficile après **13** et descente difficile à l'arrivée.

**Variante :** avant **3** jusqu'à La Bourlhonne (voir descriptif) afin d'éviter un passage délicat.

### TRONÇON
### Marat • Olliergues
6 km | 2 h 00

- **Marat :** auberge : 73.95.24.34.

**9** Immédiatement après l'église de Marat, prendre la petite route à droite, dépasser le cimetière et emprunter, en sous-bois, un chemin très caillouteux qui coupe un virage de la route. Continuer sur celle-ci, traverser la D 97 et poursuivre en face sur une bonne piste. **10** Traverser le hameau du Bouchet, suivre un chemin goudronné à gauche et gagner Fougère. Dans le hameau, tourner d'abord à gauche, puis tout de suite à droite : un chemin herbeux, ensuite caillouteux, descend à la route, que l'on coupe pour prendre en face un chemin creux. **11** Quitter la route à hauteur de La Cartade-Basse et obliquer sur le chemin à droite (balisage bleu) : il traverse un sous-bois. Prendre à gauche au croisement et passer la ferme de Biot. **12** Au carrefour, laisser la route et virer sur le chemin à droite (**point de vue sur les crêtes du Forez**). **13** Dépasser la fabrique de Repote, franchir la passerelle et suivre une petite route montant à droite. Continuer tout droit au transformateur. **14** Suivre la D 37 vers Olliergues et la quitter dans le virage. Emprunter une petite rue à gauche pour rejoindre la mairie du bourg.

- **Olliergues :** hébergement et ressources (voir p. 26).

## ÉTAPE 7

**Voir et savoir** ★ vallée glaciaire du Fossat entre **1** et **2** ⁂ tour du Gripel entre **7** et **8** : ce donjon circulaire, haut de 18 m, couronné de mâchicoulis, était le seul vestige de l'ancien château fort construit au 15e siècle par le seigneur d'Olliergues ✝ l'église de Marat, largement reconstruite, a conservé un beau clocher du 15e siècle et un grand portail gothique flamboyant ; elle abrite une croix processionnelle en cuivre repoussé du 16e siècle • croix en granite du Gripel ■ scieries bâties en pierres sèches au-dessus de Roches-Brunes entre **1** et **2** • jasserie et chemin pavé de La Chambre du Milieu (hors circuit) ⬣ sur Olliergues : voir p. 26.

**A proximité** ■ maison de maître à La Rigodie ⌂ manoir de Genilhat, dont la tour domine la vallée de la Dore.

*La haute vallée du ruisseau de Vertolaye, avant Saint-Pierre-la-Bourlhonne. -HM-*

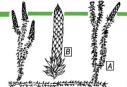

Lycopode d'un an :
A Aspect général  B Épi grossi par deux.

*Autour des palombes. -PNRLF-*

**LES BOIS DES GRANGES AU MILIEU DE 30 000 HECTARES DE FORÊT.** Le massif forestier des hauts versants foréziens est aujourd'hui presque essentiellement constitué par la sapinière et, dans une moindre mesure, par le hêtre, qui a été exploité par les charbonniers et pour le bois de chauffage. Ces zones immenses forment une ceinture autour du massif. Du fait de leur traitement particulier en futaie jardinée et des conditions d'accès souvent difficiles, elles ont de tout temps constitué des zones refuges, véritables réservoirs d'espèces végétales et animales pour certaines très rares. Parmi les végétaux sont présentes les espèces caractéristiques de sapinières anciennes, comme la listère à feuille cordée (orchidée autochtone), la luzule jaunâtre, le lycopode sabine et le lycopode d'un an. Au sein de l'avifaune nicheuse sont à signaler le tarin des aulnes, la chouette de Tengmalm, le venturon montagnard, le bec croisé des sapins, le pic noir, l'autour des palombes, la bécasse des bois, etc. Éric SOURP

## Chalet-de-la-Roche - Olliergues

**DES MÉTIERS AU FIL DU CHEMIN.** En descendant l'ample vallée glaciaire du Fossat, que couronnent sur la droite et sur la gauche de belles futaies de résineux centenaires (dont celle, magnifique, du bois de Grange), l'on arrive au pied d'un des plus hauts escarpements de faille d'Europe (plus de 1 000 m de dénivelée !), au pied duquel coule le ruisseau de Vertolaye, brusquement dévié dans sa course par une terrasse où se sont installés les moulins à grain et à scie de La Fortiche.

Ici, de part et d'autre du cours d'eau et à quelques centaines de mètres seulement à vol d'oiseau du col du Béal, vécurent jadis en bon voisinage des verriers de renom, dont la présence est attestée dès le XIVe siècle, et des scieurs à la mécanique occupés depuis les mêmes époques à mener leurs scies battantes au rythme du torrent en crue ou par trop assagi par les chaleurs d'été (Job, Saint-Pierre-la-Bourlhonne, Le Brugeron).

*La scierie du Noyer aux Beaux. -SC-*

Plus bas, les scieurs de planches le disputaient aux foulonniers et aux blanchisseurs de fils de Vertolaye et de Marat, tandis qu'au sous-sol des maisons allaient et venaient les navettes de centaines de métiers à tisser produisant des toiles «rousses» ou «blanches» selon le fil (Marat, Vertolaye, Olliergues). Le verre, le bois, le fil : autant d'éléments en apparence disparates et pourtant à la base d'une véritable économie d'échanges qui mêlait adroitement agriculture et industrie, nature et ingéniosité humaine.

Jean-Louis BOITHIAS

*La verrerie de Roches-Brunes, près de Saint-Pierre-la-Bourlhonne. -JLB-*

La comté : «Tout à coup [...] nous avons eu devant nous la vision merveilleuse : des monts purs, usés, adoucis, mais montant d'un élan et tout couleur d'aurore. Pareils à ceux qu'on découvrirait, un jour fortuné, en débouchant devant une Italie chérie des peintres et des saints.»
Henri Pourrat - *CG/LUTRA*

# CIRCUITS DE WEEK-END

## LES CIRCUITS

**WEEK-END 1**
*Égliseneuve-près-Billom
■ Saint-Jean-des-Ollières* ..................... 66
*A chacun son château*

**WEEK-END 2**
*Sauxillanges ■ Le Vernet-
La-Varenne* ........................................... 73
*Un prieuré bénédictin à Sauxillanges*

**WEEK-END 3**
*Allègre ■ Chomelix
■ La Chaise-Dieu* ................................... 80
*Vingt siècles d'activités industrielles
derrière nous... et la forêt comme avenir*

**WEEK-END 4**
*Olliergues ■ Le Brugeron
■ Aubusson-d'Auvergne* ....................... 90
*Industrialisation dans le bassin
d'Olliergues*

**WEEK-END 5**
*Thiers ■ Château de Vaulx* ................... 99
*Thiers, capitale de la coutellerie*

# WEEK-END 1

## Égliseneuve-près-Billom

## Saint-Jean-des-Ollières

**34,5 km ▼ 436 m - ▲ 705 m 12h00 2 étapes**

Tracée sur le versant ouest des monts du Livradois, la première étape de ce week-end multiplie les panoramas sur le bassin d'effondrement de l'opulente Limagne, les crêtes des Monts-Dore, les cônes de la chaîne des Puys... inondés de lumière.
Le bonheur de marcher reste intact lorsqu'on rejoint la gorge du Madet puis celle du ruisseau de l'étang des Maures, où s'égrènent les ruines d'anciens moulins. Le regard apaisé, on quitte ce pays coupé pour s'élever jusqu'à Isserteaux, puis Saint-Jean-des-Ollières. Si hier encore le paysage hésitait entre landes, prairies et grande culture, aujourd'hui, sur la seconde étape, le choix s'affiche clairement : on pratique l'élevage sur ce plateau. Dominatrices, les prairies s'étalent de part et d'autre du chemin, repoussant l'arbre sur les versants les plus abrupts et dans les fonds mouillés des vallées. Seuls, peut-être, le beau granite clair et les toits de tuiles canal rouges affirment l'appartenance à un même pays : le Livradois, car les forteresses qui se dressent tout au long de cette boucle nous parlent, elles, d'anciennes divisions.

### A chacun son château

Si les abords de la Limagne connaissent une vague de fortification dès le haut Moyen Âge, les places fortes en bois et terre élevées alors sur les hauteurs volcaniques ont disparu.
Les châteaux forts maçonnés parvenus jusqu'à nous s'édifient aux XII$^e$ et XIII$^e$ siècles. Dans la région de Billom, ils semblent plutôt appartenir à la deuxième génération des constructions en pierre, avec utilisation de tours de flanquement rondes et de meurtrières. Leur remarquable intégration aux sites qu'ils occupent est due à l'emploi de matériaux exploitables directement sur place ou à proximité. Ainsi, des châteaux comme Mauzun ou Coppel, en basalte et arkose, semblent n'être que les impressionnants prolongements de leurs socles naturels.
La mise en œuvre de ces châteaux est liée aux affrontements, nombreux et répétés à partir du milieu du XII$^e$ siècle, qui opposent d'abord les comtes d'Auvergne entre eux. Il s'agit à l'origine d'une querelle entre Guillaume VIII et son neveu Guillaume VII, soutenus respectivement par le roi de France et par le roi d'Angleterre, qui conduit à une séparation entre Comté (Vic-le-Comte, Coppel, Busséol, Saint-Babel, Laps, Buron, Mirefleurs...) et Dauphiné d'Auvergne (Vodable, Le Broc, Chalus, Dauzat, Solignat, Saint-Cirgues...). Plus tard, comtes et dauphins, réconciliés pour un temps, entrent en conflit avec l'évêque de Clermont, puissant seigneur lui-même (Mauzun, Alleuze, Beauregard, Vertaizon...). En quelques décennies, alliances et oppositions se succèdent rapidement entre l'ensemble des protagonistes, entraînant pillages et dévastations dans chaque

Égliseneuve-près-Billom - St-Jean-des-Ollières

**MONTMORIN, LA FORTERESSE D'UNE DES PLUS ILLUSTRES FAMILLES D'AUVERGNE.** Vers 1102, une charte signale, à l'emplacement du château de Montmorin, un chapitre de chevaliers, c'est-à-dire une garnison militaire. Un château existait donc déjà au tout début du XIIe siècle, mais les vestiges visibles aujourd'hui - dont un large pan de muraille avec trois tours, des traces de salles voûtées et une tour de guet - sont plus tardifs, fin XIIe ou XIIIe siècle. Cette forteresse était propriété des seigneurs de Montmorin, illustre et puissante famille d'Auvergne.
L'édifice, vendu à la Révolution, a été sauvé de la destruction en raison de sa solidité et de son «immensité». Sa deuxième enceinte est restée à l'abandon alors que la première était utilisée comme bâtiment agricole. L'actuelle église paroissiale, à proximité, est en fait l'ancienne chapelle castrale, remaniée au cours des siècles. Brigitte CERONI

La porte fortifiée du château. -ND-

camp. Plusieurs interventions royales – françaises et anglaises – et papales viennent s'ajouter à ces troubles. Ce sont par exemple les opérations menées contre la Comté d'Auvergne par Henri II d'Angleterre en 1167 et, plus tard, par Richard Cœur de Lion, ou bien encore celles que lance le roi de France Philippe Auguste au début du XIIIe siècle.

Ce dernier intervient en particulier en Auvergne dans les années 1210-1220. Plusieurs places fortes sont alors assiégées, et on aboutit à une nouvelle répartition des terres : celles de la Comté sont confisquées au profit du roi. Les comtes d'Auvergne ne rentrent en possession d'une partie de leurs domaines qu'après plusieurs années : ces terres retrouvées vont donner naissance à une nouvelle Comté qui prend Vic-le-Comte pour capitale.

Il n'est pas surprenant que ces heurts perpétuels, par le climat d'insécurité et les rapports de force qu'ils engendraient, aient contribué à l'édification de nombreux châteaux forts. Ces édifices sont aujourd'hui pour nous les principaux témoins d'une période historique troublée de l'Auvergne.
Brigitte CERONI

**LES CHÂTEAUX FORTS AUTOUR DE LA BOUCLE DE WEEK-END N°1**

- vestiges archéologiques de châteaux forts
- vestiges plus importants, éventuellement restaurés

# WEEK-END 1
## ÉTAPE 1
**20 km | 6 h 30**

### TRONÇON 1
**Égliseneuve-près-Billom • Montmorin**

**8,5 km | 2 h 45**

● **Égliseneuve-près-Billom** : chambres d'hôtes à La Barrière (73.68.33.40), au Mas-d'Auteyras (73.68.44.17) et aux Rougers (73.68.53.91).

Du croisement de la D 303 et de la D 306, se diriger vers l'église **(points de vue sur Billom, la Limagne et la chaîne des Puys)**. Descendre devant la mairie, puis sous la croix. En bas, tourner deux fois à droite. Après l'école, le chemin passe sous les remparts. Descendre en prenant trois fois à gauche.

▌ Hors circuit à droite au deuxième embranchement vers Le Mas-d'Auteyras et le château

pour remonter juste après la retenue. ① Traverser le hameau des Escuits, puis la D 997 et Les Barnoux.

▌ Raccourci à droite pour gagner directement le château de Montmorin.

▌ Variante VTT : continuer tout droit à la sortie des Barnoux et emprunter la route à gauche sur 500 m avant de descendre à droite dans la vallée du Madet.

A la sortie du hameau, prendre à gauche, puis à droite : le chemin traverse Lasteyras en passant devant le C.A.T. (Centre d'Aide par le Travail) pour malvoyants. ② Traverser la D 307 et descendre par le chemin en face dans la vallée du Madet ; franchir la passerelle après l'aire de pique-nique. A la ferme de Bouys, traverser le pont et emprunter le chemin à gauche. Virer à droite à la première intersection et grimper jusqu'à Arlanges **(point de vue sur la vallée du Madet, les châteaux de Montmorin et Mauzun, la Limagne et la chaîne des Puys)**. Suivre la route qui mène au Pereyret. ③ Au carrefour à l'entrée du hameau, descendre par la route, virer sur le premier chemin à droite, puis à gauche 100 m plus loin. Reprendre la route en bas à droite. A l'intersection, remonter à gauche : on passe sous le château **(panorama sur les châteaux de Mauzun et Coppel, Billom, la Limagne, la vallée du Madet, les monts du Livradois et du Forez)** et l'église de Montmorin. Après un lacet, descendre à La Vialle-de-Montmorin.

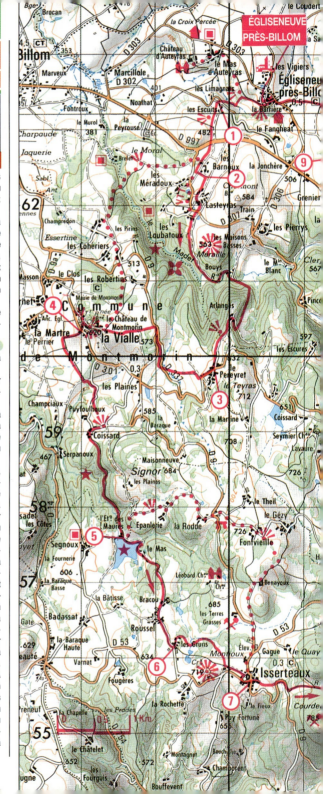

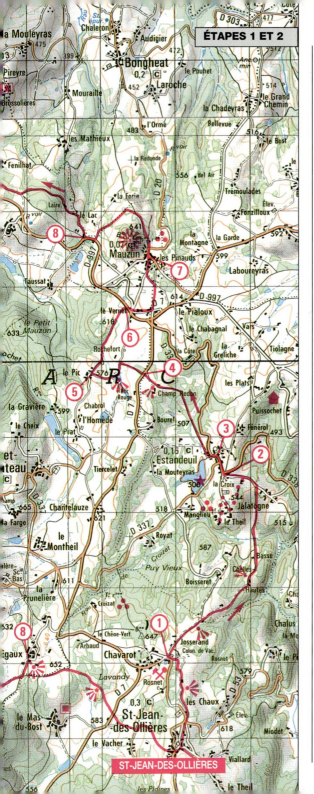

**ÉTAPES 1 ET 2**

ST-JEAN-DES-OLLIÈRES

## TRONÇON 2
## Montmorin • Isserteaux
**6,5 km | 2 h 15**

● **Montmorin :**

**4** Au lavoir de La Vialle, prendre à gauche, puis tout de suite à droite. Tourner à gauche au bout du chemin. A l'intersection, remonter vers l'aire de loisirs et bifurquer à droite. Dans le troisième virage, grimper en face et rejoindre un carrefour **(point de vue sur le château de Montmorin)**. Tourner à droite vers Coissard et à gauche à la croix. Partir à gauche de la dernière maison de Coissard, puis le chemin serpente dans la vallée de l'Angaud.

**5** Longer l'étang des Maures par la gauche, traverser Le Mas et grimper jusqu'à Bracou. De là, emprunter le chemin goudronné qui mène à Roussel : laisser le hameau sur la droite et gagner Les Gruns par la route.

> Variante : à l'étang des Maures, monter à gauche en face du moulin : le chemin passe à Épanlerie, La Rodde, Fontvieille, Benayoux et rejoint Isserteaux **(points de vue sur les ruines du château de Coppel et la chaîne des Puys au fur et à mesure que l'on s'élève)**.

**6** Dans Les Gruns, prendre un chemin entre deux murets, à gauche de la dernière maison du hameau. Laisser deux chemins à gauche et suivre le troisième qui rejoint Isserteaux **(point de vue de la croix de Montjoux, à droite du chemin, sur les monts du Forez, du Cantal, du Cézalier, la Margeride et les Monts-Dore)**. Tourner à gauche après l'église.

● **Isserteaux :** auberge de Montjoux, 4 chambres : 73.70.95.08.

*L'étang des Maures. -PE-*

# WEEK-END 1

## TRONÇON 3
## Isserteaux • St-Jean-des-Ollières
**5 km | 1 h 30**

- **Isserteaux :**
**7** S'engager sur le chemin goudronné derrière la croix. Plus bas, emprunter la D 9 sur 150 m ; l'abandonner pour partir à gauche entre les deux puys. Descendre à gauche vers Les Égaux. **8** A la première maison avant Les Égaux, bifurquer à droite puis à gauche du mur, après le **point de vue sur les monts du Forez et le puy de Courdeloup**. A 800 m à la patte-d'oie, emprunter le chemin creux de droite. Couper la D 7, poursuivre par la traverse et prendre un tronçon de route à gauche. Au bout, tourner à gauche et tout de suite à droite : le chemin serpente, emprunte un secteur goudronné, puis un passage herbeux pour grimper à Saint-Jean-des-Ollières **(point de vue avant Saint-Jean-des-Ollières sur les puys de Courdeloup, avec son immense pierrier, et du Quay).**

 **Saint-Jean-des-Ollières :** hôtel-restaurant, labellisé Relais de la Gélinotte, «L'Archou», fermé le jeudi soir et en janvier : 73.70.92.00.

**3 h 30**
**~ 682 m**

**Niveau :** très difficile. Cet itinéraire très vallonné emprunte toutefois des chemins roulants (quelques rares passages humides), et les difficultés sont davantage physiques que techniques.
**Difficultés :** alternance de montées et de descentes très difficiles entre Égliseneuve-près-Billom et Montmorin, puis difficiles à très difficiles, avec quelques côtes ardues en fin de parcours.
**Variante :** avant et après **2** (voir description) pour contourner Lasteyras.

### Voir et savoir
★ vallée du Madet • vallée de l'Angaud après **4** • étang des Maures ✕ sentier botanique de la vallée du Madet ☀ table d'orientation au Méraille (hors circuit après **2**) ⊤⊤ menhir de La Rodde (variante entre **5** et Isserteaux) ✝ église du 14ᵉ siècle à Égliseneuve-près-Billom et ancien prieuré • chapelle castrale de Montmorin : ancienne chapelle romane, remaniée aux 14ᵉ et 15ᵉ siècles • église du 12ᵉ au 14ᵉ siècle à Isserteaux : appareil polychrome en arkose rouge et «chavarote» (pierre meulière) • église des 12ᵉ et 13ᵉ siècles, remaniée, à Saint-Jean-des-Ollières : chevet en arkose rouge, boiseries, chapiteaux et statues ■ hameau du Mas-d'Auteyras (hors circuit avant **1**) • maison de maître à Lasteyras (après **2**) (abrite un C.A.T.) • moulins du Bouys (entre **2** et **3**) et de l'étang des Maures (avant **5**) • pigeonnier à Arlanges (avant **3**) • ferme à cour carrée à Benayoux (variante entre **5** et **7**) ⛪ Égliseneuve-près-Billom ⛪ château privé d'Auteyras (hors circuit avant **1**) • château de Montmorin du 12ᵉ siècle (voir encadré p. 67) 🥣 fromage de chèvre et boulanger artisanal à Bouys (entre **2** et **3**) • foie gras de canard à Saint-Jean-des-Ollières ⬢ tailleur de pierre aux Gruns (en **6**) • aire de pique-nique dans la vallée du Madet • aire de loisirs entre Montmorin et Coissard • musée des Arts et Traditions populaires au château de Montmorin • circuit de découverte «L'Architecture locale» à Saint-Jean-des-Ollières • PR balisées sur toutes les communes traversées • souterrains du Livradois entre Maflux et La Groisne.

### A proximité
✕ maar (cratère d'explosion volcanique) aux Terres-Grasses, accessible par la D 9 au nord d'Isserteaux ■ moulin de Brelet dans la vallée du Madet • maison de maître au Château, à proximité de Lasteyras • maison à galerie à Segnoux • habitat intéressant au ⛪ château du 19ᵉ siècle à Léobar (privé).

*Le château de Léobard (privé), bâti au XIXᵉ siècle, à proximité d'Isserteaux. On l'aperçoit de la variante qui relie l'étang des Maures à Isserteaux - PE-*

### ÉTAPE 2

**14,5 km | 5 h 30**

**MODESTES TISSERANDS ET MEUNIERS.** Cette région de «pays coupés», passage obligé entre monts du Livradois et plaine de Limagne, n'a jamais connu par le passé de véritable vocation «industrielle», à la différence de ses voisines au nord (Billom) et au sud (Sauxillanges), où ont fleuri au XIXe siècle tuileries, briqueteries et fours à chaux en grand nombre, tirant profit du riche sous-sol de la contrée. A peine a-t-elle développé, dans le courant des XVIIe et XVIIIe siècles, un embryon d'artisanat textile destiné à compléter les revenus de l'agriculture.

Enfermé dans une cave humide et parcimonieusement éclairée, l'homme faisait battre, l'hiver venu, la navette du métier à tisser familial d'où sortaient, aune après aune, de rugueuses toiles de fil de chanvre. Regroupées par des marchands de la ville, celles-ci partaient ensuite, via Lyon et Marseille, vers l'Espagne, l'Italie et jusque dans les colonies françaises d'outre-mer.

La région, pour faire vivre ses habitants – agriculteurs et tisserands –, devait compter sur un nombre élevé de moulins à grain (plus de 50 en 1830) qui se procuraient leurs meules aux carrières de Chavarot, près de Saint-Jean-des-Ollières. De même, quelques moulins à huile réputés extrayaient l'huile de noix, dont la région faisait une abondante consommation (Saint-Jean-des-Ollières).

Jean-Louis BOITHIAS

*La tour de La Rochette vue depuis Chelles-Basses. -PE-*

### TRONÇON 4
### St-Jean-des-Ollières • Estandeuil
**4,3 km | 1 h 45**

● **Saint-Jean-des-Ollières** : hébergement et ressources (voir p. 70). Emprunter la rue sous l'église en direction du cimetière. Suivre le chemin goudronné à hauteur de l'aire de pique-nique **(point de vue sur les monts du Forez)**. 100 m après la ferme de La Serre, s'engager à gauche sur un chemin herbeux et reprendre la route. Passer devant la colonie de vacances de Chavarot. ❶ Tourner à droite derrière le mur de la colonie et descendre tout droit **(point de vue sur les monts du Forez)**, franchir le ruisseau du Croizat et remonter tout droit. ❷ Tourner à gauche sur la route et gagner Estandeuil.

> Hors circuit 200 m à gauche après 2, vers Le Theil et La Rochette.

### TRONÇON 5
### Estandeuil • Mauzun
**5 km | 2 h 00**

● **Estandeuil** :
❸ Quitter la D 997 juste après l'auberge d'Estandeuil : descendre par la petite route et prendre deux fois à droite. Poursuivre tout droit sur le chemin et remonter : on retrouve le goudron aux maisons de Champ-Redon **(point de vue sur la tour de La Rochette)**. ❹ Emprunter la D 7 à gauche sur 50 m **(point de vue sur le château de Mauzun et les monts du Forez)** et s'engager sur le premier chemin à droite. Se diriger vers le petit étang, puis vers Le Pic.
❺ Prendre le chemin à l'angle de la première ferme du Pic. On descend à travers la prairie, puis on franchit la clôture avant de remonter l'allée. ❻ Traverser la D 997 à un carrefour et prendre à droite. A 250 m, virer à gauche sur le chemin her-

*Suite page 72*

### Voir et savoir
★ étang à Estandeuil en 3 ✖ pierre meulière à Chavarot (nombreuses habitations du hameau bâties avec cette pierre locale, la «chavarote») ∴ château de Mauzun (voir encadré p. 72) : l'association «Renaissance de Mauzun» entreprend de le sauvegarder ✝ église gothique et 16e siècle d'Estandeuil : très grosse cloche du 16e siècle ■ maison de maître à Bellevue (privée) • halle de Mauzun et reproduction, dans le bourg, de la maison de Ferdinand de Lesseps sur le canal de Suez • maison forte de l'ordre des Templiers à Brossolières (privée, hors circuit) ☕ miel et fromage de chèvre au Pic ⬡ graveur sur métaux à Mauzun • PR balisées sur toutes les communes traversées.

### A proximité
∴ tour de Croizat (privée) du 13e siècle : ancienne léproserie, ferme en arkose rose (privée) • donjon de La Rochette (hors circuit) du 12e au 16e siècle et chapelle du 15e siècle (ensemble privé).

### WEEK-END 1

*L'arrivée sur Égliseneuve-près-Billom ; en arrière-plan les volcans de la chaîne des Puys. -PE-*

*Suite de la page 71*

beux longeant la propriété de Bellevue. Prendre à gauche de la grille du parc et entrer dans Mauzun.

● **Mauzun** : gîte de groupe, 19 places (Madame Dissard).

### TRONÇON 6
**Mauzun ● Égliseneuve-près-Billom**
**5,2 km | 1 h 45**

• **Mauzun :**

**7** De la halle de Mauzun, monter en direction du château (hors circuit) et s'engager sur un chemin goudronné à l'angle de la place des Grolles. Emprunter par deux fois le chemin de gauche. Une petite route débouche sur la D 997, que l'on suit à droite sur 150 m. **8** Quitter la D 997 pour emprunter une petite route à droite. A 300 m, virer à gauche vers Laire. Le chemin passe entre deux ruines et continue en sous-bois. Bifurquer à droite à l'intersection vers le hameau de Fenilhat. **9** Au croisement, monter à droite. En arrivant au point de vue (**sur la Limagne, la vallée du Madet, la chaîne des Puys et les monts du Forez**), tourner à gauche et descendre tout droit jusqu'à Égliseneuve-près-Billom.

Hors circuit : du point de vue, on peut continuer tout droit pour rejoindre Brossolières.

 **2 h 45** ~ **315 m**

**Niveau** : difficile, parfois très difficile. Cette deuxième partie est toujours très vallonnée, mais elle se déroule sur d'excellents chemins.
**Difficultés** : descente difficile, puis très difficile après Saint-Jean-des-Ollières – montées difficiles avant Estandeuil, difficiles puis très difficiles après – alternance de descentes et de montées difficiles sur le reste du parcours – dernière descente très difficile avant Égliseneuve-près-Billom.

**UNE FORTERESSE D'INSPIRATION FRANCILIENNE : LE CHÂTEAU DE MAUZUN.** Vaste édifice en basalte brun sombre se déployant sur près de cinq hectares à 640 m d'altitude, Mauzun est probablement l'une des plus imposantes constructions de ce type édifiées aux franges de la Limagne au XIII$^e$ siècle. Avec les seize tours de sa première enceinte, délimitant une basse-cour d'un hectare, le donjon circulaire et les trois autres tours de sa deuxième enceinte, ainsi que ses murs extrêmement épais percés d'archères, ce château pourrait être inspiré des nouvelles réalisations du début du XIII$^e$ siècle en Île-de-France. Construit sans doute sur une place forte plus ancienne, il était propriété de l'évêque de Clermont ; résidence des évêques, il servait aussi de prison ecclésiastique. Le château est le théâtre d'affrontements pendant les guerres de Religion. Au XVII$^e$ siècle, Richelieu ordonne sa destruction, mais seul le haut des murs est dérasé. En 1732, l'évêque Massillon lui-même, préférant la plus riante villégiature de Beauregard-l'Évêque en Limagne, obtient l'autorisation royale de démanteler Mauzun, déjà en très mauvais état ; les tours sont éventrées et les murs les moins résistants abattus. Seules quelques parties agricoles et les prisons sont conservées. C'est dans cet état de destruction avancée que le château est mis en vente à la Révolution.
Brigitte CERONI

# WEEK-END 2

## Sauxillanges
## Le Vernet-la-Varenne

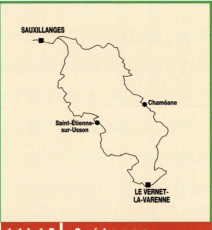

**37,5 km ▼ 450 m - ▲ 850 m  11h15  2 étapes**

On quitte rapidement le bassin de Sauxillanges pour gravir les premiers contreforts du Livradois, entaillés par une multitude de petits ruisseaux. On reste longtemps sur cette ligne de failles dominant la Limagne d'Issoire avec, au-delà, la toile de fond des montagnes de l'ouest auvergnat (massif du Cantal, Cézalier, Monts-Dore et chaîne des Puys). Ici, le chemin hésite à rejoindre le plateau et s'enfonce souvent dans de petites gorges envahies par les taillis de chênes. Passé Saint-Étienne-sur-Usson et la vallée du Pouchon, on s'y engage vraiment : l'herbe recouvre le granite, les hameaux se font plus nombreux, et Le Vernet-la-Varenne nous y attend. La seconde étape se déroule à l'inverse de la première. Tout d'abord, on a droit aux paysages typiques du Livradois, partagés entre prairies et forêts, ces dernières menaçant au fil des ans la terre d'élevage : les boisements timbres-poste continuent de proliférer. Mais qu'importe, ici, le paysan travaille dur, abandonnant seulement devant les versants trop abrupts des vallées, comme ceux qui nous reconduisent à Sauxillanges, qui cache dans ses murs les vestiges d'un prieuré bénédictin.

### Un prieuré bénédictin à Sauxillanges

On ne peut passer à Sauxillanges sans évoquer son prieuré bénédictin et la vie de Pierre le Vénérable (voir encadré p. 74-75). L'introduction du très complet article de Monsieur Toulomont, *Le Prieuré bénédictin de Sauxillanges*, paru dans le «Bulletin historique et scientifique de l'Auvergne», dont est extrait le texte qui suit, retrace les grandes lignes de l'histoire de ce lieu, qui reste inscrit dans la ville, comme le montre le plan p. 74.

«(...) En 927, réalisant un vœu de son oncle (Guillaume le Pieux, duc d'Aquitaine), son héritier, le comte Acfred, abandonne tous les biens composant la cour de Sauxillanges pour fonder un monastère de douze moines. (...)

Dès le milieu du X$^e$ siècle, ce monastère fut rattaché à celui de Cluny, dont il devint un des grands prieurés. Durant le haut Moyen Âge, le fait que les prieurs de Sauxillanges devinrent souvent abbés de Cluny atteste son importance. Trois fois, des papes y séjournèrent : Urbain II en décembre 1095 (revenant de prêcher la première croisade à Clermont, il consacra la nouvelle

*Vestiges du cloître de l'abbaye de Sauxillanges. -PE-*

## WEEK-END 2

église du prieuré) ; Pascal II en 1107 ; et enfin Gélasc II en 1119. Le prieuré, occupé par un nombre assez important de moines (un procès-verbal de 1252 en dénombre 45), était le siège d'une école dont l'élève le plus notable fut Pierre de Montboissier, qui, en 1121, âgé de 29 ans seulement, devint abbé de Cluny, plus connu sous le nom de Pierre le Vénérable. (...) Siège de dévotion locale à saint Godon, dont le corps entier reposait dans l'église du prieuré, autant qu'étape de pèlerinage, le prieuré offrait un asile – hôtellerie, infirmerie – à cette multitude d'errants qu'étaient les pèlerins à cette époque. L'influence du prieuré se traduisit par un appel et nombreux furent ceux qui, recherchant sa protection, vinrent se fixer et fonder un foyer au pied de la clôture nord (voir le plan). Avec la permission du prieur, cette agglomération devint le siège d'un marché et obtint l'autorisation de se clore de murailles. Allongeant le périmètre de sa défense, à deux reprises, la ville s'agrandit ; un faubourg extérieur s'organisa même autour de son église particulière, Saint-Martin.

Primordiale dans un monde semi-barbare (la presque totalité des bâtiments est d'époque romane), la notion de mission civilisatrice va s'estomper. Les constructions se font rares, excepté quelques aménagements de la fin du XV$^e$ siècle ; le nombre des moines (plusieurs dizaines avec un nombreux personnel) va diminuer progressivement. L'importance de leur mission va s'effacer devant celle des revenus du prieuré et des multiples offices. Sous les prieurs commendataires, l'entretien n'est même plus assuré. Lorsque vint la Révolution, 6 moines, quelques domestiques et un rare personnel demeurent encore au milieu de parterres et de jardins de plusieurs hectares et surtout dans les immenses bâtiments déserts, souvent partiellement en ruine, qui, au sol – et ils avaient plusieurs étages –, occupent plus de la moitié de la surface d'un rectangle de 100 x 140 m.

A la Révolution, dépecés, les biens composant le prieuré furent vendus aux enchères publiques à Issoire. Bien que très transformés depuis cette époque par les propriétaires successifs, une grande partie des bâtiments subsiste. (...)»

L'étude de divers textes, la parfaite connaissance des lieux et la compréhension des propriétaires actuels ont permis à Monsieur Toulomont de reconstituer le plan proposé ci-contre.

**UN DES HOMMES LES PLUS ÉMINENTS DU XII$^e$ SIÈCLE.** Pierre de Montboissier, dit Pierre le Vénérable, naquit à Montboissier (à quelques kilomètres à l'est de Sauxillanges) dans une puissante famille noble. Ses parents le confient très jeune comme oblat, aux moines de l'abbaye de Sauxillanges. (Il restera toujours très attaché à ce lieu.) En 1109, — il a alors entre 15 et 17 ans—, on le trouve pour la première fois à Cluny, où il fait sa profession de foi et reçoit la bénédiction monastique. Il revient à Sauxillanges, vers 1116-1117, avant de partir pour Vézelay, puis à Domène, près de Grenoble, où assure les fonctions de prieur.

A la mort d'Hugues II, abbé de Cluny, il est élu à la place de ce dernier à la tête de l'immense maison (près de 2 000 abbayes ainsi que 10 000 moines.

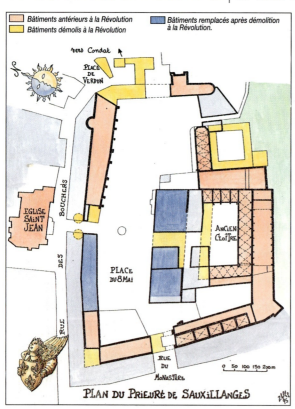

PLAN DU PRIEURÉ DE SAUXILLANGES

# Sauxillanges - Le Vernet-la-Varenne

répartis dans toute l'Europe !). C'est lui qui reprendra la construction de Cluny III, dont il fera bénir l'église, en 1130, par le pape Innocent II alors que l'on est en plein schisme. Usant de son sens aigu de la diplomatie, il sera l'un des artisans de la fin de cette terrible épreuve pour l'Église, en 1138.

Pierre le Vénérable réforme en 1132 les statuts de Cluny afin de supprimer les abus constatés dans le monastère. Personnage écouté dans l'église, il partage avec saint Bernard, à l'occasion du concile de Pise, les fonctions de théologien officiel. Il laissera de nombreux écrits, dont un étonnant Contre les Sarrasins, dans lequel il entreprend de réfuter les textes du Coran, qu'il a fait traduire en latin. Partisan du dialogue, il se récusera de l'appel du pape, des rois de France et Germanie qui veulent réorganiser une nouvelle croisade : «il préfère la discussion aux armes».

Reste que le «saint» homme est un antisémite primaire, adressant, en 1146, à Louis VII une lettre très virulente à l'égard des juifs, où il demande au roi de leur imposer la conversion. Comme il l'avait souhaité, il meurt le jour de Noël : nous sommes en 1156.

## ÉTAPE 1
**19 km | 6 h 15**

### TRONÇON 1
**Sauxillanges • St-Étienne-sur-Usson**
**10 km | 3 h 15**

● **Sauxillanges** : tous commerces et services. 1 camping, 2 hôtels, gîte de Mauvis (10 places) et restauration : 73.96.82.77.
De la place du 8-Mai-1945, descendre la rue du monastère jusqu'à la mairie. Prendre la rue du Pont (D 214) à gauche. **1** Au bas de la rue, virer le long du béal à gauche. Arrivé à l'écluse, emprunter un sentier à droite, monter les escaliers et descendre à gauche. **2** Avant la passerelle en béton, suivre le sentier à droite. **3** Traverser la D 144 (superbe point de vue sur la plaine de la Limagne, la chaîne des Puys, les Monts-Dore, ceux du Cézalier et du Cantal) et prendre la route en face en direction de Ventre. Traverser le hameau et continuer à gauche. A hauteur du puits, s'engager sur le chemin qui descend. **4** Devant le petit étang, prendre le chemin à droite sur 500 m, en contrebas d'une plantation de conifères, puis virer à gauche sur une piste argileuse de forte pente. Traverser le ru à gué, puis remonter en face : le chemin débouche dans un pré (bien penser à refermer les clôtures). Suivre la clôture à main droite et gagner Salamot. **5** Sur la place de Salamot, partir à gauche sur un chemin goudronné (point de vue sur la petite Limagne, la chaîne des Puys, les Monts-Dore, ceux du Cézalier et du Cantal, ainsi qu'avant 6). Lorsque la route vire à gauche, poursuivre sur le chemin en face et descendre au ruisseau de Merlin. Franchir le pont pour remonter sur la droite par un chemin forestier très médiocre, bordé plus loin de pierres dans les pâtures. **6** Dans Berme-Bas, suivre le chemin goudronné en direction de Berme-Haut. **7** Après la dernière maison de Berme-Haut, s'engager sur le chemin de remembrement juste en face de la route. A 100 m, virer sur la gauche pour emprunter un chemin de terre qui grimpe. Laisser deux chemins sur la droite et s'engager dans le troisième. A 200 m, monter par le sentier à gauche, longer un pierrier et poursuivre sur le sentier. Passer la chicane en bois pour redescendre au chemin de terre. **8** Suivre le chemin à droite jusqu'à la route. Là, virer à gauche pour entrer dans Saint-Étienne.

● **Saint-Étienne-sur-Usson** : café, restaurant.

### TRONÇON 2
**St-Étienne-sur-Usson • Le Vernet-la-Varenne**
**9 km | 3 h 00**

● **Saint-Étienne-sur-Usson :**
**9** Aller tout droit vers la cabine téléphonique, puis laisser l'église sur la gauche et suivre un chemin goudronné en direction de La Forie. A la maison, 100 m avant le château de La Forie, prendre le large chemin à droite. Tourner à gauche dans le hameau de Genestine (**point de vue sur la vallée du Pouchon, la plaine d'Issoire, le massif du Sancy et la chaîne des Puys**), continuer à la sortie par une piste et, à la patte-d'oie, suivre le chemin herbeux à gauche. 100 m plus loin, tourner à nouveau à gauche : on longe un

*Suite du descriptif et carte de l'itinéraire page 76*

*Panorama sur le plateau du Livradois à partir de Genestine ; à gauche, le château de La Forie. -PE-*

75

# WEEK-END 2

*Le plan d'eau du Vernet-la-Varenne. -PE-*

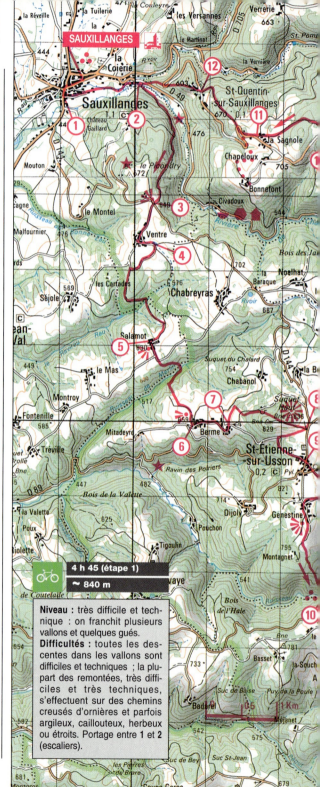

### Suite de la page 75

pré avant d'entrer en sous-bois. Emprunter le sentier descendant à droite ; il serpente jusqu'au ruisseau de Pouchon. **10** En bas, virer à droite et, 100 m plus loin, passer à gué le ruisseau. Emprunter le sentier entre les ruines et franchir un autre ruisseau, moins important. **11** A 200 m, dans la montée, prendre à gauche un sentier au-dessus du ruisseau, que l'on traverse à nouveau. Monter à travers bois pour accéder à Toiras.

● Pour atteindre le **gîte Espace VTT** (20 places, tél. 73.71.35.32), tourner à gauche et continuer à droite en lisière de bois ; plus bas, prendre à droite un sentier qui franchit un ruisseau et grimpe à **La Geneste** : aller-retour balisé).

**12** A la croix, dans le hameau, virer à gauche et, 200 m plus loin, suivre à droite le large chemin **(point de vue sur le Sancy, la chaîne des Puys et la plaine d'Issoire)** jusqu'au Mas. **13** A la sortie du Mas, au transformateur, suivre la D 144 à droite sur quelques mètres, puis emprunter le chemin goudronné en face. A hauteur de la ferme du Chéry, descendre tout droit sur le chemin, passer le ruisseau et remonter. Bifurquer à gauche sur l'allée du château de La Reynerie, puis emprunter la D 999 à gauche sur 700 m. Monter vers le camping de Bellevue **(point de vue sur le Sancy, la chaîne des Puys et la plaine d'Issoire)**. **14** Virer sur le chemin à gauche : on longe la haie du camping sur 400 m. Descendre à gauche au grand pin.

---

**4 h 45 (étape 1)**
**~ 840 m**

**Niveau** : très difficile et technique : on franchit plusieurs vallons et quelques gués.
**Difficultés** : toutes les descentes dans les vallons sont difficiles et techniques ; la plupart des remontées, très difficiles et très techniques, s'effectuent sur des chemins creusés d'ornières et parfois argileux, cailloteux, herbeux ou étroits. Portage entre **1** et **2** (escaliers).

## ÉTAPES 1 ET 2

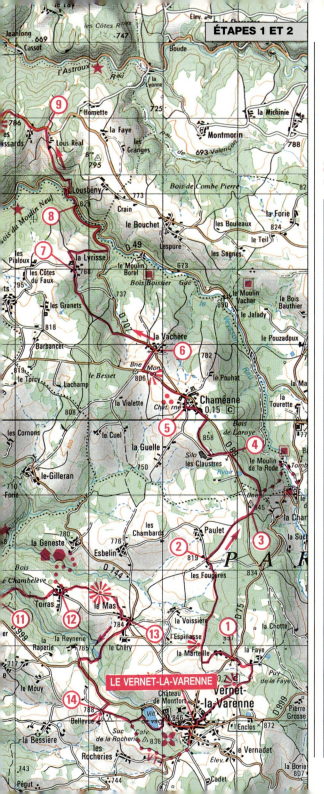

**Variante VTT :** continuer tout droit jusqu'à une route. Prendre deux fois à gauche et rejoindre le centre du Vernet-la-Varenne), en direction du plan d'eau du Vernet-la-Varenne, dont on suit la rive droite. Monter à droite des courts de tennis et rejoindre la D 999 par les escaliers : la suivre à droite jusqu'au centre du Vernet-la-Varenne.

● **Le Vernet-la-Varenne :** tous commerces et services. 1 camping, 2 hôtels.

### Voir et savoir

★ vallée «de Civadoux» après **2** • vallées de La Valette et du ruisseau de Pouchon vers **9** et **10** ✂ sentier botanique au Suc de la Rocherie avant Le Vernet-la-Varenne ∴ moulins de Chambelève, à gauche du point **10** ✝ vestiges – bâtiments et cloître – du monastère clunisien de Sauxillanges : parties romanes, gothiques et du 17e siècle • ancienne chapelle du Prieur, N.-D.-du-Bois, aménagée en maison du Patrimoine • église de St-Étienne-sur-Usson : clocher du 17e siècle • croix à l'entrée de Genestine, au Vernet-la-Varenne et au Suc de la Rocherie • peinture murale du 14e siècle et tableau du 15e siècle dans l'église (15e-19e siècle) du Vernet ■ puits et ferme de granite à Salamot • fontaine et four à pain à St-Étienne-sur-Usson • puits à Toiras • bascule et métier à ferrer au Vernet-la-Varenne 🏛 Sauxillanges : site du bourg sur la rive de l'Eau-Mère, maisons des 15e et 16e siècles, ancien quartier des tanneries, moulins et tisserands le long du béal 🏰 châteaux privés à La Forie, La Reynerie, au Chéry et à Montfort (15e-19e siècle) 🍯 miel à Berme-Bas, en **6** ⬢ centre de VTT à La Geneste (location et accompagnement) hors circuit en **12** • plan d'eau au Vernet-la-Varenne : baignade surveillée en été, pédalo, pêche, tennis, parcours de santé et tir à l'arc.

77

# WEEK-END 2

## ÉTAPE 2
**18,5 km | 5 h 00**

### TRONÇON 3
### Le Vernet-la-Varenne • Chaméane
**7,5 km | 2 h 00**

● **Le Vernet-la-Varenne** : hébergement et ressources (voir p. 77).
Du syndicat d'initiative sur la place, s'engager sur la D 999 en direction de Saint-Germain-l'Herm. Tourner à gauche sur la D 75 en direction de Sauxillanges, puis dans la ruelle à gauche de l'église. A droite d'un portail en fer forgé, suivre un chemin goudronné **(point de vue sur le château de Montfort)**. Au hameau de La Faye, tourner à gauche, puis encore à gauche 50 m plus loin. **1** Traverser la D 75 et continuer sur la route en face. Un chemin la prolonge après le hameau de La Marteille. Plus bas, virer à droite sur un chemin plus marqué **(point de vue sur la chaîne des Puys et le massif du Sancy)**.
● **La Bride-des-Fougères** : gîte, 14 places (73.71.35.13).
**2** Prendre à gauche au centre équestre des Fougères, puis tout de suite à droite sur un chemin bien marqué. **3** Traverser la D 89 et partir immédiatement à gauche à la patte-d'oie. Laisser deux chemins à droite, puis un autre à gauche.
Hors circuit vers les moulins du Prat et de La Rode.
**4** Recouper la D 89 à hauteur du terre-plein et suivre la route en face. Tourner à droite à l'angle de la maison : le chemin contourne un bois et rejoint la D 89, que l'on suit à gauche jusqu'à Chaméane.

*Les ferrures du portail de l'église de Saint-Quentin-sur-Sauxillanges. -ND-*

**Voir et savoir** Sur Sauxillanges et Le Vernet-la-Varenne : voir p. 77
★ vallées de Chaméane et de l'Astroux vers **9** et **10** •• vestiges de château et d'enceinte (tours du 14e et du 16e siècle) à Chaméane en **5** : site privé, en cours de restauration ✝ à Chaméane, église du 10e siècle remaniée et très belle croix en pierre • croix en pierre à La Sagnole en **11** • église de style roman à Saint-Quentin-sur-Sauxillanges (en **12**) : portail, vantaux et ferrures ■ fontaine à Chaméane • four à pain aux Planissards après **9** • ancienne ferme à cour carrée à La Sagnole ⚘ miel à Chaméane ⬣ centre équestre aux Fougères en **2**.

**A proximité** ■ moulins du Prat et de La Rode (hors circuit entre **3** et **4**) ⚘ et ⚘ et ⌂ pisciculture, spécialités et location de bungalows à l'auberge du Civadoux : 73.96.81.94.

### TRONÇON 4
### Chaméane • Sauxillanges
**11 km | 3 h 00**

● **Chaméane** :
**5** Au bas de la ruelle, tourner à droite, passer devant l'église et atteindre la tour du château. Prendre la direction Saint-Étienne-sur-Usson et, 100 m après le monument aux morts, virer à droite. **6** Tourner à gauche à La Vachère et suivre la D 707 sur 500 m. Quitter la route au premier virage serré à droite : un chemin herbeux grimpe en sous-bois et rejoint un chemin plus important, que l'on suit à droite. Poursuivre en face à l'intersection et virer à droite à 150 m. S'engager à gauche sur la D 707 et gagner La Lyrisse. **7** Dans le hameau, emprunter le chemin goudronné à droite. 200 m plus loin environ, descendre à droite, pénétrer en sous-bois et rejoindre la D 707, que l'on suit à gauche. **8** Au pont sur la rivière de Chaméane, virer à gauche vers Sauxillanges pour, 400 m plus loin, remonter à droite un chemin herbeux qui conduit au hameau de Lous-Réal, que l'on traverse. **9** Tourner à gauche sur la D 706. En face d'une ruine, avant l'entrée des Planissards, un chemin évite la boucle de la route. On la reprend ensuite sur 250 m avant de s'engager dans un sentier en contrebas à droite **(au bout de ce sentier, point de vue sur la vallée de Chaméane et les monts du Livradois)**. **10** A l'endroit où le sentier rejoint la route, emprunter le chemin creux à droite et traverser un bosquet. A la patte-d'oie, descendre par le chemin central jusqu'au hameau de La Sagnole et poursuivre en face. **11** A la croix de La Sagnole, obliquer à droite sur la D 706. A 250 m, un chemin en contrebas coupe une boucle de la route et continue en face. A la patte-d'oie, descendre à gauche dans les bois. **12** A Saint-Quentin-sur-Sauxillanges, tourner à gauche, passer devant le cimetière, puis à droite de l'église. Descendre toujours tout droit jusqu'à la D 49 ; suivre la route sur 20 m, puis rejoindre le ruisseau à gauche. Tourner à droite et franchir une passerelle en béton. Continuer à droite sur un chemin herbeux et regagner Sauxillanges par le même itinéraire qu'au départ de l'étape 1.
● **Sauxillanges** : hébergement et ressources (voir p. 75).

**2 h 15 (étape 2)**
**~ 340 m**

**Niveau** : facile, excepté dans les vallées.
**Difficultés** : descente et remontée difficiles entre **1** et **2** – montée difficile entre **3** et **4**, puis très difficile sur 20 m après **6** – descente très difficile avant **8** et remontée très difficile, puis difficile – descente difficile après **12**.

*L'Astroux avant Sauxillanges. -PE-*

## LE ROYAUME DES AMÉTHYSTES D'AUVERGNE.

Sauxillanges est construit en bordure d'un petit bassin sédimentaire oligocène, large de 2,5 km, qui s'étend au nord jusqu'à Sugères. Ce bassin, comblé par des sédiments sableux et argilo-calcaires, est dû à l'effondrement d'un compartiment de socle entre deux failles, contemporain de la formation de la Limagne voisine.

Le circuit pédestre, lui, est entièrement tracé sur le socle cristallin constitué, d'une façon assez monotone, de migmatites grenues à biotite et cordiérite, plus ou moins litées et plissées. Ces roches métamorphiques sont localement envahies par des intrusions de granite à deux micas et à grains généralement grossiers. Le volcanisme est totalement absent de ce secteur du Livradois, dont l'intérêt réside dans la diversité et l'abondance des minéralisations qu'il renferme, et dont certaines sont fort célèbres.

Dans les années 50, le gîte d'uranium de Chaméane fit l'objet de travaux de reconnaissance sur les flancs de la vallée du Veysson, à l'est du village. Il a fourni les plus beaux échantillons de pechblende découverts à ce jour en Auvergne.

Les fameux gisements d'améthyste d'Auvergne, eux, appartiennent à l'histoire économique et minière du Livradois. Cette variété violette de quartz pyramidé était destinée à la confection d'imposants bijoux religieux ou de somptueuses parures féminines. L'améthyste fit la renommée de ce secteur aux XVII$^e$ et XVIII$^e$ siècles, époque durant laquelle des bijoutiers espagnols venaient en personne s'approvisionner sur place et diriger les travaux d'extraction. Les sièges d'exploitation furent nombreux, mais restèrent toujours à l'échelle artisanale et saisonnière ; abandonnés depuis lors, il n'en reste plus que de maigres vestiges, souvent difficilement repérables sur le terrain pour un œil non averti. Que les amateurs de cristaux soient donc particulièrement attentifs : le parcours pédestre côtoie ou traverse plusieurs filons d'améthyste jadis exploités ; au sud de Genestine, sur la rive droite du Pouchon ; à La Reynerie, près du château-colonie ; au Chéry, en bordure du chemin d'accès ; près de Claustres, au sud de Chaméane.

Hors circuit, se trouve l'ancienne mine de Pégut, qui fut la plus activement exploitée à l'époque, sous la conduite d'acheteurs catalans. Ce filon, long de plus de 500 m, renfermait des géodes si grandes que les ouvriers pouvaient y entrer et y travailler debout. Il n'en reste maintenant que des tranchées comblées par des déblais ne renfermant que des minéralisations d'intérêt secondaire négligées à l'époque.

Les améthystes que l'on trouve encore en abondance dans les bijouteries d'Auvergne proviennent toutes de l'étranger, principalement du Brésil.

Jean-Jacques PÉRICHAUD

# WEEK-END 3

## Allègre

## Chomelix

## La Chaise-Dieu

58 km | ▼ 818 m - ▲ 1075 m | 15h45 | 3 étapes

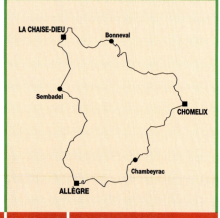

La première courte étape de ce week-end laissera le temps de flâner dans la vieille ville d'Allègre, adossée au mont Baury, avant de s'engager entre les riches parcelles de terre volcanique, et de rejoindre Chomelix à travers forêts, landes et prairies. Si la seconde étape débute sur un plateau doucement vallonné où rien n'arrête le regard, excepté à l'est les reliefs qui dominent la vallée de la Loire, passé Fontannes le décor change, la gorge de la Dorette entaille le socle cristallin ; surtout, la forêt de conifères prend le dessus sur les derniers espaces consacrés à l'élevage. Au cœur de ce grand massif forestier, l'apparition de La Chaise-Dieu est un des temps forts du week-end, qui prend fin après quelques endroits secrets comme le ruisseau des Rats sous Sembadel, ou un peu mystérieux comme le lac de Malaguet.

## Sur le plateau de La Chaise-Dieu

● **Vingt siècles d'activités industrielles derrière nous...**

Des recherches effectuées récemment à propos du passé économique du plateau de La Chaise-Dieu, il ressort que les immenses réserves forestières de ce massif ménoral furent exploitées dès l'Antiquité, et probablement pendant tout le Moyen Âge, comme combustible de base de deux activités fondamentales : la métallurgie et la verrerie.

La métallurgie était surtout active à l'est, dans les environs de Chomelix et de Beaune-sur-Arzon, où plusieurs sites de minières, forges ou fonderies ont été localisés, traitant pour la plupart des métaux importés, comme le fer, ou extraits sur place à petite échelle, comme le plomb et l'argent. La verrerie, développée à partir des XIV$^e$ et XV$^e$ siècles sur l'initiative de familles nobles du sud de la France, concernait les proches alentours de La Chaise-Dieu (La Chapelle-Geneste, Bonneval, Cistrières), mais surtout toute la région comprise à l'ouest, entre Senouire et Doulon, où plusieurs officines, installées dans des clairières, convertissaient le quartz et la cendre de fougère en verres, fioles et gobelets utilitaires : ainsi à Berbezit, Montclard et Saint-Didier-sur-Doulon, où leur nombre atteignit une douzaine au XVII$^e$ siècle.

Plus tard, sous Colbert, se développa un important commerce de mâts de marine qui, via l'Allier et la Loire, gagnaient par flottage les grands ports de l'Atlantique, à destination de la Marine royale.

*Banc d'injection de poteaux en bois à Allègre.* -PE-

# Allègre - Chomelix - La Chaise-Dieu

*La vallée de la Dorette, vue depuis Bonneval. -PE-*

Le sciage et l'abattage des plus beaux spécimens de sapin faisaient alors vivre toute une population de scieurs et de débardeurs aux ordres des intendants et des commissaires de Marine. Ils étaient secondés par des péjassiers qui fabriquaient la poix servant à calfater les coques et à poisser les voilures, par distillation de la résine de pin dans des fours spéciaux construits au cœur même des villages ou à proximité des cantons de forêts à exploiter. Au XIX$^e$ siècle, lorsque les besoins en mâture et en poix eurent décliné suite à la disparition de la batellerie traditionnelle, le plateau tout entier se reconvertit dans la production des «buttes», ou bois de mine (pour Brassac et Saint-Étienne), de même que dans l'imprégnation ou injection des poteaux télégraphiques, qui donna naissance à plusieurs grandes potelleries encouragées dans leur développement par l'arrivée du chemin de fer (Allègre, Sembadel, La Chaise-Dieu, Julljanges).

A signaler, également, les eaux minérales de La Souchère (commune de Bonneval), dont les nombreux «griffons» ferrugineux (source Ancienne, source Séraphine, etc.) se prêtèrent à une intense exploitation dès les premières années du XIX$^e$ siècle, mais surtout dans les années 1870 à 1910. Durant cette période prospère, plusieurs familles (Ligonie, Thévenon, Valentin, Genévrier) aménageront des sources et des bains pour les malades et les curistes de toute provenance (3 000 personnes durant l'année 1887 !). Cette activité pour le moins «effervescente» prendra fin avec l'irruption de la Première Guerre mondiale.
Jean-Louis BOITHIAS

• ... et la forêt comme avenir ?

Depuis les XVI$^e$ et XVII$^e$ siècles, la place occupée par la forêt n'a cessé de s'accroître sur le canton de La Chaise-Dieu. Si bien qu'aujourd'hui, le taux de boisement atteint 58 % contre 29 % sur l'ensemble du Massif central. Avec la poursuite programmée de la déprise agricole, cette évolution s'accélérera encore dans les années à venir. Loin de se réjouir de cette situation qui, dans

---

**LE VASTE DOMAINE DU GRANITE DU VELAY.**
*Le tracé de ce week-end se déroule sur la bordure ouest du large massif granitique du Velay, qui s'étend jusqu'à la vallée du Rhône à l'est et jusqu'à Saint-Privat au sud. C'est un granite ancien, dit d'anatexie, qui renferme de larges enclaves de schistes cristallins, dits migmatites, comme c'est le cas dans la région de Sembadel. La Senouire a creusé des gorges plus profondes et déchiquetées dans ce matériau schisteux moins cohérent que le granite, donc plus vulnérable à l'érosion.*

*Ce socle calédonien (environ 400 millions d'années) est rigide pratiquement depuis le cambrien, mais à la faveur de grandes failles qui ont rejoué ultérieurement, plus particulièrement au tertiaire, le relief subira de nombreuses transformations. De profonds bassins d'effondrement se forment en bordure (Limagne de Clermont) ou au cœur du massif (Limagne du Puy). Localement, ces grandes failles permettent l'ascension du magma profond qui, ponctuellement, atteint la surface, créant ainsi quelques appareils volcaniques, dont les cônes aux formes caractéristiques ont produit de larges épanchements de laves basaltiques recouvrant le granite sur de vastes étendues. Ce sont des satellites du grand ensemble volcanique du Devès.*

*C'est le cas, par exemple, des cratères voisins du mont Bar et du puy d'Allègre qui, de part et d'autre de cette localité, dominent la région. On trouve des noyaux d'olivine dans la carrière de basalte de Courbière, au pied du mont Bar.* J.-J. PÉRICHAUD

**TRONÇON Allègre | Chambeyrac**

nos régions, s'accompagne d'une baisse de la population (actuellement les chiffres varient de 10 à 14 hab./km$^2$ selon les communes du canton), suivie par la perte des services (en particulier ceux de l'État : poste, école...), on peut ne pas la subir comme une fatalité et faire que demain elle devienne – ici tout au moins – une base du développement économique local. C'est ce que montre une étude de Jean-Michel Escurat (élève ingénieur des travaux des Eaux et Forêts), menée sur le canton de La Chaise-Dieu et reprise en partie dans une publication du C.E.M.A.-G.R.E.F. de mars 1990.

L'étude typologique des peuplements forestiers montre que la sapinière, qui représente 70 % des forêts résineuses adultes, a une forte productivité, de l'ordre de 10 à 12 m$^3$/ha/an (chiffre de l'Inventaire forestier national), mais la conduite de cette dernière revient à y pratiquer seulement la «récolte de gros semenciers, sans éclaircir les arbres plus jeunes. Le maintien d'une très grande densité empêche toute régénération naturelle. (...)

Scierie à Allègre.
-PE-

Globalement, donc, la forêt adulte du canton de La Chaise-Dieu, qui couvre près de 8 000 ha, est à un stade de son évolution très productif ((...) 84 000 m$^3$/an), mais le niveau de récolte actuel est trop faible (40 000 m$^3$/an). On peut considérer que le volume sur pied à l'hectare atteint une limite au-delà de laquelle les risques de chablis et d'attaques phytosanitaires deviendront insupportables.»

Actuellement, la récolte annuelle procure 133 emplois à temps plein pour un millier sur tout le canton, sans compter un certain nombre d'emplois à temps partiel occupés par une trentaine d'agriculteurs (abatteurs ou/et débardeurs), qui traitent 50 % environ du volume abattu chaque année. Compte tenu du potentiel productif de la forêt de La Chaise-Dieu, on peut estimer à 100 000 m$^3$/an la récolte qu'il est souhaitable d'atteindre le plus rapidement possible, ce qui implique une exploitation à 120 % de l'accroissement annuel actuel et ce durant plusieurs années.

A terme, c'est près d'une soixantaine d'emplois qui pourraient être ainsi créés : une trentaine en exploitations forestières et une trentaine dans les scieries. Ces dernières sont prêtes à accroître leur capacité de production, sachant qu'elles se sont modernisées dans les années précédentes ; quant aux propriétaires (95 % d'entre eux sont des privés et 21 % seulement de ces derniers résident dans le canton), «ils peuvent être amenés à réaliser leur capital du fait de successions (âge moyen 60 ans), de l'impôt local et de l'éloignement.» «Si le scénario de développement de la récolte paraît vraisemblable, l'incertitude demeure sur la part des emplois effectivement créés dans le canton.»

Vraisemblablement, l'exploitation forestière pourra être assurée localement par les agricul-

## Allègre - Chomelix - La Chaise-Dieu

Allègre : «La Potence» est l'unique vestige de l'enceinte extérieure : deux tours rondes encadrent le portail fortifié dit «de Monsieur», surmonté de mâchicoulis tréflé ; le château fut détruit par un incendie en 1698. On peut encore voir à Allègre les six hôtels des officiers nobles autorisés en 1435 à construire dans l'enceinte du château ; le mieux conservé est l'hôtel de La Clède (porte, terrasse, dépendances et parc). -PE-

### ÉTAPE 1
**17 km | 4 h 30**

En l'absence de balisage propre à ce circuit, suivre d'Allègre à Chomelix le balisage jaune qui a été mis en place par le C.D.R. (Comité départemental de la Randonnée) de la Haute-Loire.

### TRONÇON 1
### Allègre • Chambeyrac
**7 km | 1 h 45**

● **Allègre** : Tous commerces et services. O.T. (71.00.72.52), hôtel, camping municipal. Gîte de groupe (16 places) et chambres d'hôtes : 71.00.76.88.
De la place de la Chapelle, monter par la rue principale, puis descendre à droite. Devant l'Hôtel des Voyageurs, prendre l'avenue à droite et, 200 m plus loin, descendre à gauche en direction de la salle polyvalente **(point de vue sur le mont Bar)**. Traverser la route pour remonter en face vers la gendarmerie. **1** A la gendarmerie, prendre à gauche un chemin partiellement goudronné, puis, à 200 m, poursuivre à droite sur un chemin de terre. Rester sur la droite à la première patte-d'oie et descendre à gauche à la seconde. Traverser une bonne piste et continuer en face jusqu'à la route. **2** Suivre la D 21 à droite et s'engager sur le premier chemin à droite après le pont. Garder la même direction jusqu'au croisement de cinq chemins. **3** Suivre le chemin le plus à gauche : il traverse la D 21 et continue en face. **4** Suivre à gauche la D 211, puis prendre à droite pour traverser Chambeyrac.

### Voir et savoir
table d'orientation du mont Baury à Allègre ☍ menhir de «la pierre plantée» à Chomelix ⁂ imposant site fortifié à Allègre, sur le mont Baury. • vestiges du château des Allègre dans le bourg de Chomelix ✝ église de la fin du 15e siècle et chapelle du 17e siècle à Allègre, abritant une pietà du 16e • ancienne chapelle castrale du 16e siècle à Chomelix ■ maison du 16e siècle à Chomelix ⬢ PR balisées sur les communes d'Allègre et Chomelix, piste de ski de fond à Allègre.

### A proximité
★ mont Bar (1 175 m), près d'Allègre, ancien volcan ❀ très belle tourbière au cœur du mont Bar, occupant l'ancien lac de cratère qui se trouvait au centre de l'édifice.

teurs encore en activité, qui, déjà, trouvent là un complément à leurs revenus. L'arrivée de nouveaux travailleurs sera aussi nécessaire : bûcherons, débardeurs, transporteurs grumiers, qui devront pour accepter de s'installer trouver les services indispensables (écoles, garages par exemple) ; de même pour l'implantation d'entreprises nouvelles de sciage.

L'étude montre qu'au-delà du «miracle» économique que peuvent laisser entrevoir les potentialités de production de la forêt du canton de La Chaise-Dieu et son exploitation bien conduite, il faut des volontés locales, régionales, nationales, européennes même – une véritable politique de conservation des services dans les espaces ruraux, par exemple – pour réussir.

## WEEK-END 3

### TRONÇON 2
### Chambeyrac • Chomelix
**10 km | 2 h 45**

• **Chambeyrac** :

**5** A la sortie du village, descendre à gauche par un chemin caillouteux et rester dans la même direction jusqu'au Mazel. A l'entrée du hameau, descendre la rue à droite sur 100 m, puis virer à gauche juste avant la fontaine. Passer devant une ferme et poursuivre sur le chemin creux. 500 m plus loin, emprunter le premier chemin à gauche (attention : le départ du chemin, sur un talus, ressemble à une entrée de pré). Passer une clôture pour entrer dans le hameau. **6** A Soulhac, emprunter la route à droite et s'engager sur la seconde piste à gauche : elle monte parmi les prés, rejoint une plantation, puis une route. **7** Traverser la D 906 et continuer en face : un chemin carrossable longe une plantation. Au carrefour, prendre à droite un chemin herbeux. Rester à gauche à la patte-d'oie suivante. Au croisement, suivre le chemin principal en direction du Brignon. **8** Arrivé au hameau, tourner à gauche, puis immédiatement à droite. Sur la place, après les fermes, virer à gauche et continuer en descente à l'intersection. **9** Franchir le petit pont avant de s'engager sur le sentier à gauche. Il débouche sur une piste, que l'on suit à droite. Traverser la route et continuer en face

*Labours sur le plateau de La Chaise-Dieu.* -PE-

(superbe vue sur le mont Mézenc et les monts du Velay). **10** Emprunter la D 135 sur la droite jusqu'à Chomelix.

● **Chomelix** : auberge de l'Arzon (71.03.62.35), tables et chambres d'hôtes (71.03.60.39) à Miollet.

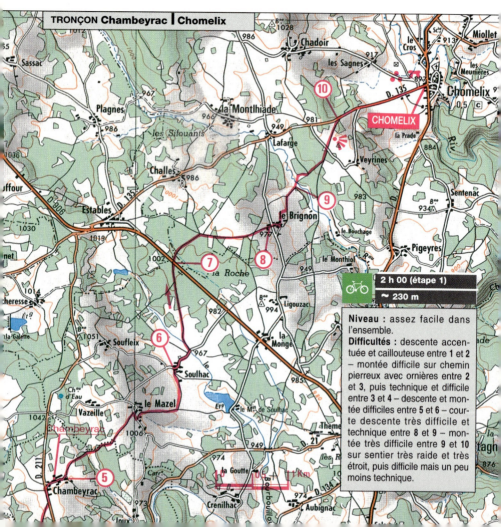

**2 h 00 (étape 1)**
**~ 230 m**

**Niveau** : assez facile dans l'ensemble.

**Difficultés** : descente accentuée et caillouteuse entre 1 et 2 – montée difficile sur chemin pierreux avec ornières entre 2 et 3, puis technique et difficile entre 3 et 4 – descente et montée difficiles entre 5 et 6 – courte descente très difficile et technique entre 8 et 9 – montée très difficile entre 9 et 10 sur sentier très raide et très étroit, puis difficile mais un peu moins technique.

Allègre - Chomelix - La Chaise-Dieu

## ÉTAPE 2
**21 km | 6 h 00**

### TRONÇON 3
**Chomelix • Bonneval**
**15 km | 4 h 00**

● **Chomelix** : hébergement et ressources (voir p. 84).
Devant l'hôtel, au croisement de la D 1 et de la D 135, s'engager sur cette dernière en direction de Sembadel-Gare. Prendre la petite route à droite, juste après deux croix de granite sur un mur. Continuer à droite à la patte-d'oie, en suivant le **balisage jaune, puis des pancartes noir et blanc indiquant «La Chaise-Dieu»**. **1** Juste avant le hameau de Refourgan, quitter la route dans une épingle pour monter en sous-bois par un chemin herbeux. Passer le petit pont de planches sur le ruisseau ; remonter en face par un chemin très cailouteux. A la fourche, poursuivre à droite. **2** Emprunter la D 35 à gauche **(balisage vert et blanc)** et traverser Beaune-sur-Arzon. A la sortie du village, s'engager à droite sur un chemin partiellement goudronné **(point de vue sur Argentières, Chomelix, les gorges de l'Arzon et, un peu plus loin, sur Le Moulin-du-Diable)**. A la patte-d'oie **(on retrouve la pancarte «La Chaise-Dieu»)**, descendre à gauche au Moulin-du-Diable **3** Arrivé au moulin, emprunter le chemin à gauche entre le poulailler et la première bâtisse. Continuer à droite sur la D 35 . **4** 250 m plus loin, quitter la route à l'intersection pour prendre le deuxième chemin à gauche. Virer à droite à 500 m sur un chemin herbeux, bordé de cailloux. Traverser la route du Poyet **(suivre le balisage jaune jusqu'au point 9)** et emprunter la petite route en face. Après le hameau des Crottes, descendre à droite par le premier chemin, herbeux et humide. **5** S'engager à droite sur la route. A 100 m, obliquer à gauche sur le chemin de terre longeant des plantations. Suivre la piste à droite à l'embranchement et rejoindre une route. **6** Prendre la route à droite sur 100 m, puis virer à gauche. **7** Tourner à droite sur la D 498. Passer le pont sur la voie ferrée et suivre un bon chemin montant à

*Beaune-sur-Arzon, vu avant Refourgan. -PE-*

---

### DES MOULES PERLIÈRES EN LIVRADOIS-FOREZ

Mais oui ! Il y a bien des moules dans les eaux fraîches et claires, mais non calcaires, des ruisseaux et des rivières du Livradois-Forez. Fait plus étonnant encore, certains individus (1 à 3 sur 100) renferment de vraies perles d'un bel orient, cachées dans leurs tissus, mais petites et de peu de valeur. Cette moule perlière, de nom scientifique Margaritifera margaritifera, est extrêmement rare en Europe. En France, elle était encore signalée dans les années cinquante dans le Finistère, et a été redécouverte dans les monts du Forez et du Livradois en 1994.
Autrefois répandue sur tout le massif hercynien (Vosges, Massif central, Massif armoricain), Margaritifera margaritifera vit dans le courant, enfoncée par son extrémité antérieure dans le sable ou le limon des rivières ; seule la partie postérieure de son corps émerge de l'eau.

Pour se nourrir, elle écarte ses valves, l'eau baignant les branchies lui apporte oxygène et matières nutritives et entraîne les déchets de l'animal. Le déclin de cette espèce est dû à une dégradation générale de la qualité des eaux courantes, conjuguée (c'est le cas dans la Haute-Loire) à son exploitation pour les perles ; alors que des textes du siècle dernier relatent des pêches de 1 800 moules en une journée en Haute-Loire, dont 28 avaient une perle, mais 6 seulement présentaient une forme et une couleur satisfaisante.
La période de reproduction de l'espèce s'étend de juin à août. Les larves sont incubées par la femelle durant 4 semaines, puis se fixent ensuite sur leurs poissons hôtes, la truite et le vairon, pendant une dizaine de mois pour poursuivre leur croissance pendant 2 ou 3 ans dans les sédiments (sable ou limon) de la rivière. La maturité sexuelle est atteinte à 20 ans et les grands adultes peuvent vivre jusqu'à 116 ans. On comprend pourquoi ces animaux, qui filtrent l'eau et peuvent donc accumuler des polluants tout au long de leur vie, sont sensibles à ces derniers même lorsqu'ils sont présents à de très faibles concentrations.
Cette moule, très rare, en voie de disparition, indicatrice de ruisseaux de grande qualité biologique, est protégée. Il est donc interdit de la ramasser.
On trouve dans les eaux douces une autre moule perlière, Unio crassus, plus répandue et plus petite (70 à 90 mm de long au lieu de 130 à 150 mm pour Margaritifera) que celle qui nous intéresse ici.
*Éric SOURP*

*Deux moules d'eau douce rencontrées dans nos rivières : A gauche : le genre Unio. A droite : le genre Margaritifera. -SC-*

## WEEK-END 3

**3 h 00 (étape 2)**
**~ 570 m**

**Niveau** : difficile et technique.
**Difficultés** : montées et descentes difficiles – montées difficiles entre 3 et 8 – descentes très difficiles, techniques à très techniques, entre 8 et 9 – montées très difficiles et très techniques entre 9 et 11, puis difficiles entre 11 et 13.

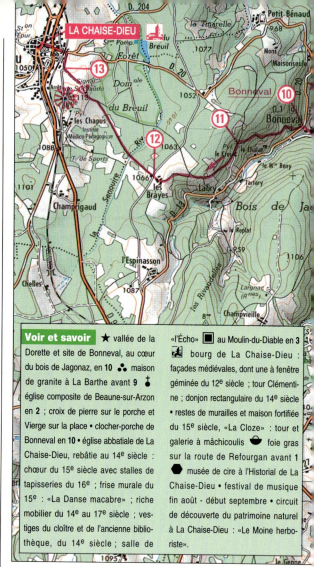

gauche. **8** A la croix de Chanet, prendre à gauche la route goudronnée qui traverse le village. Virer ensuite à gauche sur un chemin herbeux bordé de buissons. A la patte-d'oie, poursuivre à droite en sous-bois. Passer devant la ruine de La Barthe (ancienne maison de granite) et descendre la route. **9 (Suivre le balisage rouge et blanc jusqu'à La Chaise-Dieu.)** Au moulin de Pissous, descendre par la route sur 600 m. Virer à gauche à l'embranchement et franchir le pont pour s'engager sur un chemin herbeux montant à Bonneval. Passer à droite derrière l'église et déboucher sur la D 20.

● **Bonneval** : auberge.

**A proximité** panorama du Signal-de-Saint-Claude (1 112 m) sur Pierre-sur-Haute et le Forez, les Cévennes, les monts du Cantal et les Monts-Dore, à l'arrivée sur La Chaise-Dieu ● artisanat à Baffour : bois, cuir, poterie, sculpture.

*En arrivant à La Chaise-Dieu. -PE-*

**Voir et savoir** ★ vallée de la Dorette et site de Bonneval, au cœur du bois de Jagonaz, en **10** ● maison de granite à La Barthe avant **9** † église composite de Beaune-sur-Arzon en **2** ; croix de pierre sur le porche et Vierge sur la place ● clocher-porche de Bonneval en **10** ● église abbatiale de La Chaise-Dieu, rebâtie au 14e siècle : chœur du 15e siècle avec stalles de tapisseries du 16e ; frise murale du 15e : « La Danse macabre » ; riche mobilier du 14e au 17e siècle ; vestiges du cloître et de l'ancienne bibliothèque, du 14e siècle ; salle de « l'Écho » ● au Moulin-du-Diable en **3** bourg de La Chaise-Dieu : façades médiévales, dont une à fenêtre géminée du 12e siècle ; tour Clémentine ; donjon rectangulaire du 14e siècle ● restes de murailles et maison fortifiée du 15e siècle, « La Cloze » : tour et galerie à mâchicoulis ● foie gras sur la route de Refourgan avant 1 ● musée de cire à l'Historial de La Chaise-Dieu ● festival de musique fin août - début septembre ● circuit de découverte du patrimoine naturel à La Chaise-Dieu : « Le Moine herboriste ».

### TRONÇON 4
### Bonneval ● La Chaise-Dieu
**6 km | 2 h 00**

● **Bonneval** :
**10** Face à l'église de Bonneval, emprunter un chemin herbeux qui monte en sous-bois. **11** Au premier carrefour, obliquer à gauche, puis, en vue de la ferme du Cros, serrer à droite en lisière de forêt. Aux ruines, monter à droite sur un chemin cailouteux. Traverser le hameau des Brayes. **12** Couper le chemin goudronné à la sortie des Brayes et continuer sur un chemin de terre en face. Rester à gauche au croisement. Un peu plus loin, on passe devant une grange (point de vue sur La Chaise-Dieu). **13** Devant le terrain de basket, prendre la route à droite, laisser le premier pont sur la voie ferrée à gauche, puis passer sous le second. Traverser la D 906 et entrer dans La Chaise-Dieu.

● **La Chaise-Dieu** : O.T. (71.00.01.16) tous commerces et services. Camping, hôtels, gîte (30 places) et chambres d'hôtes de La Pénide (71.00.01.05 ou 71.00.06.76), autres chambres d'hôtes (71.00.01.77 et 71.00.07.52).

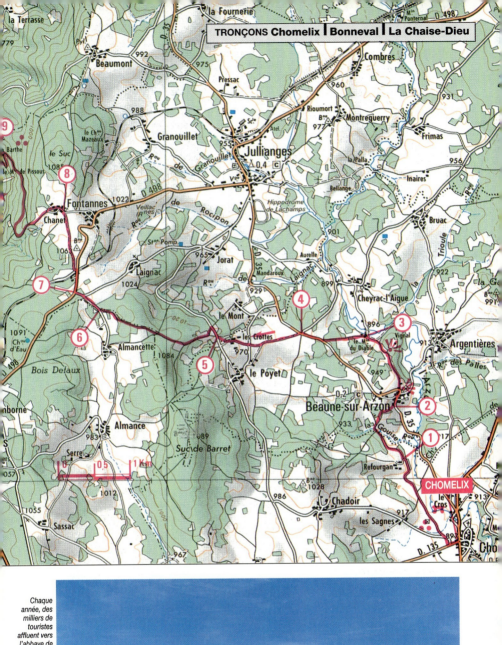

TRONÇONS Chomelix | Bonneval | La Chaise-Dieu

*Chaque année, des milliers de touristes affluent vers l'abbaye de La Chaise-Dieu, et des centaines de mélomanes se pressent aux concerts de son festival, créé en 1966 par Georges Cziffra -JC-*

## WEEK-END 3

### ÉTAPE 3
**20 km | 5 h 15**

### TRONÇON 5
**La Chaise-Dieu • Sembadel**
**7 km | 1 h 30**

● **La Chaise-Dieu** : hébergement et ressources (voir p. 86).
**(Suivre le balisage vert et blanc jusqu'au point 8.)** De la place de l'Abbaye, s'engager sur la D 4 en direction de Paulhaguet. A la première patte-d'oie, partir à gauche vers Les Narcisses. **1** Au hameau des Narcisses, continuer tout droit : le chemin passe devant une usine. 100 m plus loin, descendre à gauche et poursuivre en direction d'Arfeuilles. **2** En vue du hameau, monter à gauche.

| Hors circuit : continuer tout droit pour se rendre à la chapelle d'Arfeuilles.

**3** A la patte-d'oie, dans la forêt, prendre à droite jusqu'à la D 22. **4** Traverser la route pour s'engager sur un bon chemin. 300 m plus loin, poursuivre sur la droite à la fourche. **5** A la croix en fer, monter à droite, puis prendre le second chemin à gauche. Rejoindre la D 22 et la suivre jusqu'à Sembadel.

### TRONÇON 6
**Sembadel • Allègre**
**13 km | 3 h 45**

• **Sembadel** :
**6** A la place de l'Église (suivre le balisage jaune), bifurquer à gauche sur un chemin herbeux. Emprunter la route à droite et traverser Hierbes. **7** A la sortie du hameau, s'engager sur le chemin à gauche. Emprunter un chemin goudronné à gauche sur 20 m avant de bifurquer à droite sur une piste forestière qui débouche sur une route. **8** Suivre cette route en face **(balisage blanc-vert et jaune)**. A 200 m, tourner à gauche : le bon chemin descend plus loin à droite. Franchir un ruisseau à gué et remonter. Suivre la D 13 à droite (attention : circulation rapide). **9** Emprunter à 100 m le chemin en lisière d'une jeune plantation. Plus bas, au niveau du lac de Malaguet, virer à gauche. A la patte-d'oie, continuer à droite jusqu'à la route. **10** Au carrefour, se

diriger tout droit vers le pont, le franchir et s'engager sur le bon chemin à gauche. Il rejoint une route, après plus de 1 km, que l'on suit d'abord à gauche, puis à droite. **11** Traverser la D 133 et suivre la petite route en face, en direction des Ignes. S'engager sur le premier chemin à gauche, traverser Les Ignes et descendre sur le petit chemin herbeux juste après le lavoir. **12** A la croix, traverser la route et continuer en face. Virer à gauche à l'embranchement. Un chemin caillouteux s'élève jusqu'au grand pin, descend en bordure de prés et rejoint la route. Passer sur le pont, traverser le hameau de La Veyssaire et poursuivre sur le chemin à droite. **13** Franchir le pont sur la voie ferrée et tourner à droite. Monter et longer le cimetière. Aux premières maisons, descendre la ruelle et passer la porte à gauche pour rejoindre la place de la Chapelle à Allègre.

● **Allègre** : O.T. (71.00.72.52), hébergement et ressources (voir p. 83).

**2 h 20 (étape 3)**
**~ 346 m**

**Niveau :** difficile, avec de courts passages très difficiles.
**Difficultés :** alternance de descentes et de montées difficiles et techniques sur des chemins creusés d'ornières, caillouteux, herbeux ou étroits – plusieurs montées très difficiles sur 100 m avant **7** et entre **12** et Allègre – descente très difficile et très technique entre **12** et **13**.

*Le lac de Malaguet. -PE-*

### Voir et savoir
**Sur La Chaise-Dieu :** voir p. 86. **Sur Allègre :** voir p. 83 ★ vallée du Rat entre **6** et **7** • lac de Malaguet après **9** ⚑ chapelle à Arfeuilles (hors circuit en **2**) • petite église gothique à Sembadel et Vierge sur la place (en **6**) • croix à Hierbes en **7** • croix de pierre sculptée aux Ignes entre **11** et **12** 🏰 château de Chelles avant **5** ⚱ potier à Sembadel
● PR balisées sur les communes de La Chaise-Dieu et Sembadel.

### A proximité
⚑ église du 12ᵉ et du 16ᵉ siècle à Monlet : Vierge en bois du 16ᵉ siècle, pietà. ⚱ fromage de chèvre à La Roche.

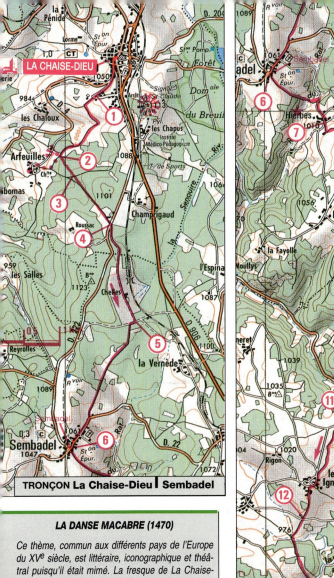

## LA DANSE MACABRE (1470)

Ce thème, commun aux différents pays de l'Europe du XVe siècle, est littéraire, iconographique et théâtral puisqu'il était mimé. La fresque de La Chaise-Dieu se déroule sur un mur occupant trois travées : vivants et morts alternent en une expression de mouvement saisissante, surtout par les squelettes entourés de leur linceul. Les personnages «vivants» de la société médiévale se succèdent en un défilé beaucoup plus statique, depuis le pape, le roi ou le cardinal jusqu'au laboureur, l'ermite ou l'enfant. Des réglures encore visibles sous la fresque laissent supposer qu'un texte était prévu en complément : des poèmes existent dès le XIIe siècle, chantant cette danse de la vie et de la mort, que le XVe siècle éprouve le besoin d'exprimer en images, peut-être pour conjurer de grands fléaux tels que guerres, famines et épidémies. Chantal LAMESCH

## WEEK-END 4

# Olliergues
# Le Brugeron
# Aubusson-d'Auvergne

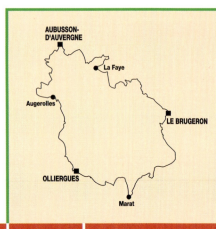

**47,5 km ▼ 428 m - ▲ 919 m   14h 00   3 étapes**

D'Olliergues, on gravit par marches successives le versant ouest de la montagne forézienne jusqu'au Brugeron. Tout au long de cette première étape, jusqu'à Marat, villages et hameaux sont semés sur de petits plateaux entretenus par les derniers agriculteurs-éleveurs. Au-delà, le paysage se ferme devant la forêt naturelle ou plantée. Ce boisement reste omniprésent au long de la seconde étape, bien que de nombreux points de vue nous soient offerts sur le plateau et les deux gros villages (Aubusson-d'Auvergne et Augerolles) installés au pied de l'escarpement où est tracé notre chemin. Au lac d'Aubusson-d'Auvergne, qui marque le début de la dernière étape, succède un plateau bocager coupé de petites gorges dominées par des villages où le granite et le pisé se marient souvent sur les murs des fermes. De belles églises romanes (Augerolles) ou gothiques (La Chabasse) ponctuent le retour sur Olliergues : d'abord faubourg accroché à la montagne, puis vieille ville historique amarrée à un méandre de la Dore.

## Industrialisation dans le bassin d'Olliergues

S illonnant les espaces pentus du Livradois et du Forez, le randonneur attentif, tout en goûtant la beauté de ces massifs verdoyants, aura pu mesurer la rudesse des lieux pour la vie agropastorale : fortes pentes, minceur et aridité des sols très lessivés, mauvais écoulement des eaux dans les fonds tourbeux, rigueur du climat hivernal et courte saison végétative. Aussi ne s'étonnera-t-il point de la relative désertification de la montagne. Ici, nombre de communes comptent aujourd'hui moins de 10 hab./km². Il n'en a cependant pas toujours été ainsi : au milieu du XIXe siècle, presque toutes les communes – y compris celles de montagne – supportaient des densités cinq à dix fois supérieures. Cette richesse humaine, qui ne pouvait justifier l'ingratitude des terres, s'expliquait par la multiplication des activités complémentaires, comme les migrations temporaires de travail (scieurs de long, chiffon-

Métier à tisser de Narbonne (Olliergues). -JLB-

## Olliergues - Le Brugeron - Aubusson-d'Auvergne

niers, colporteurs...) et, surtout, les activités artisano-industrielles. Dans les pays de la Dore, l'abondance des torrents de montagne apportant la force motrice avait permis, depuis l'époque médiévale, l'installation de petites usines, notamment des moulins à papier. Partout, des ateliers artisanaux, mis en place par les négociants ambertois, travaillaient le textile, filant, teignant, tissant la laine ou le chanvre. Une bonne partie de ces activités disparaitront au cours du XIX$^e$ siècle, mais certains sites toutefois, comme celui de Repote à côté d'Olliergues, seront repris par des industries modernisées. Même si, durant plusieurs décennies encore, les passementiers et les fabricants de chapelets ambertois ont continué à fournir aux villageois de la montagne beaucoup de travail à domicile, cette mutation a conduit à une concentration des activités artisano-industrielles dans les bourgs de la vallée : Arlanc, Ambert, Olliergues, Courpière. Certains villages des bords de la Dore, comme Giroux entre Olliergues et Courpière, ou Pont-de-David entre Olliergues et Vertolaye, sont nés de cette phase de réorganisation. Usines et ateliers artisanaux ont su s'adapter aux nombreuses crises – notamment textiles – qui ont secoué l'industrie au cours de ce siècle. Malgré une certaine diminution du nombre de leurs salariés, la vitalité des industries de la vallée fait aujourd'hui du cours de la Dore un couloir de résistance démographique entre des montagnes désertifiées par la sévérité de la crise agricole.

*Le hameau de Fougère, entre le point 4 et le point 5 de l'étape 1. -PE-*

*Suite du texte page 98*

### ÉTAPE 1
**15,5 km | 4 h 30**

### TRONÇON 1
**Olliergues • Marat**
**6 km | 1 h 30**

● **Olliergues** : S.I. (73 95 50 26). Tous commerces et services. 3 hôtels.

Tronçon commun avec l'étape 7 de la grande boucle (en sens inverse du descriptif) jusqu'au Gripel.

De la place de la Mairie, prendre à droite l'avenue Jean-Delattre, monter au-dessus de la fontaine Thenot, passer devant la maison à colombages, puis devant une autre fontaine. En haut de la ruelle, suivre la route en face sur 500 m. **1** Quitter la route dans un virage à gauche pour descendre vers Repote. A la patte-d'oie, partir à droite. Rejoindre, plus bas, la D 906. **2** Monter tout de suite à gauche derrière les bâtiments de la fabrique par un petit chemin herbeux. Continuer à monter en entrant en sous-bois et poursuivre tout droit sur ce même chemin (**plusieurs points de vue entre 2 et 8 sur les monts du Forez du côté du Brugeron**). **3** En arrivant sur un tronçon goudronné, tourner à gauche en direction de Biot. Dans le hameau, monter à droite et longer le bois. Au croisement, face aux maisons, poursuivre en montant à droite par un chemin creux. **4** A La Cartade-Basse, 20 m avant de retrouver la route, emprunter à gauche un chemin à travers prés. Couper la route et continuer en face sur une bonne piste. Descendre à droite dans Fougère et traverser le hameau ; monter à gauche, puis tourner à droite, après 30 m, sur le chemin goudronné. **5** A la sortie du Bouchet, suivre le chemin en direction de la D 97. La traverser et descendre sur la petite route en face. Emprunter à droite un chemin creux peu visible, qui coupe un virage de la route, puis gagner Marat.

● **Marat** : auberge : 73.95.24.34

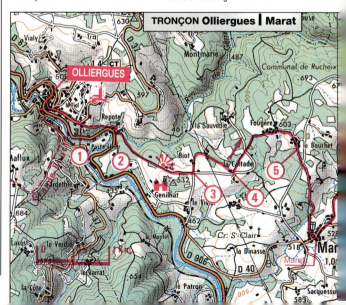

**L'HABITAT RURAL DANS LA RÉGION DE MARAT.** Les fermes du secteur de Marat présentent surtout une structure en maison bloc à terre, avec d'importantes granges-étables et remise en rez-de-chaussée, fenil en comble. Quelques-unes sont pourvues de montées de grange, constituées de rampes pleines à faible inclinaison. Le matériau dominant pour le

*Ferme après Le Gripel. -PE-*

## TRONÇON 2
## Marat • Le Brugeron
**9,5 km | 3 h 00**

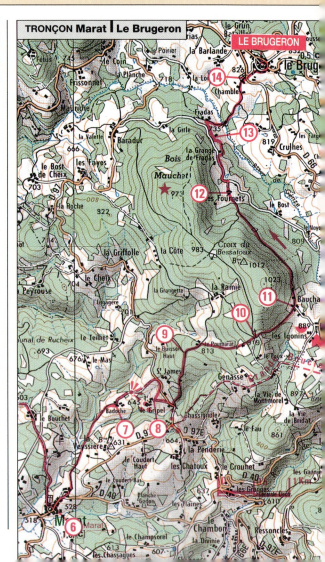

**TRONÇON Marat | Le Brugeron**

• **Marat :**

**6** 50 m avant l'église de Marat, prendre une ruelle à gauche : on débouche sur la place du Monument-aux-Morts.

■ Hors circuit à gauche vers la ferme du Pradel.

Suivre alors la D 40 à gauche. La quitter pour prendre la direction de Bertigne. A la grange, grimper à droite et prendre immédiatement à gauche à la patte-d'oie. Après avoir franchi un ruisseau, monter en face à travers les fougères. Le sentier ressort des bois pour franchir une clôture électrique. Monter à droite à travers champs jusqu'à une étable moderne. **7** A la ferme de La Badoche, prendre la route à gauche **(point de vue sur la tour ruinée du Gripel et toujours sur les monts du Forez)**, puis bifurquer à droite sur la D 97. A 150 m, descendre à droite par un chemin creux. **8** Au hameau du Gripel, remonter par le chemin goudronné à gauche. Emprunter à nouveau la D 97 à droite, sur 50 m, et reprendre le chemin creux en face : il s'élève vers un chemin plus important que l'on suit à droite.

■ Hors circuit à droite pour gagner la croix du Gripel.

Continuer l'ascension en laissant un sentier à droite. **9** A l'intersection, continuer à monter par la route, à droite, et dépasser Le Poumarat. **10** A la croix du Poux, s'engager sur la piste en face.

● Chambres d'hôtes **aux Igonins** (73.95.22.60), près de Bauchaud.

**11** Au hameau de Bauchaud, tourner à gauche sur la petite route, qui devient chemin au niveau de la dernière bâtisse. S'engager en sous-bois et continuer sur

# Olliergues - Le Brugeron - Aubusson-d'Auvergne

gros œuvre est le moellon de granite, les piédroits et les linteaux étant en bois. Des exemples de ce type sont visibles sur le sentier, à Biot, Fougère, La Sauvedie. Au Pradel et au Mayet, les fermes sont en réalité de gros domaines, ayant appartenu à des bourgeois ou à une petite aristocratie rurale. Les bâtiments se disposent en ordre autour d'une cour fermée. L'édifice comporte en général une maison de maître à travées, une maison plus modeste pour le métayer et plusieurs bâtiments agricoles. Les maisons de maître sont construites selon une typologie urbaine, avec une tour hors œuvre renfermant un escalier en vis. Les escaliers en bois sont semblables à ceux des maisons du bourg d'Olliergues. Les encadrements des portes et des fenêtres présentent souvent des moulurations à chanfrein ou feuillure. Le domaine du Pradel a probablement été construit au XVIe siècle, puis agrandi au XVIIe. Autre type d'habitat rural, les maisons bloc en hauteur abritent dans le même bâtiment étable en rez-de-chaussée et logis à l'étage, le comble servant de fenil. A Chipot, une de ces maisons remonte certainement au XVIIIe siècle. Son toit à forte pente était à l'origine couvert de chaume. Toujours dans ce même hameau, une grange-étable à toiture à forte pente, ancienne chaumière, présente une étable aménagée en contrebas de la grange pour faciliter l'évacuation du fumier.
Marceline BRUNET

le chemin du haut à la patte-d'oie. Poursuivre toujours dans la même direction.

**12** Aux Fournets, descendre à la route par un chemin goudronné, que l'on suit à gauche sur 500 m. A La Grange-de-Fradas, descendre devant le bâtiment par le chemin herbeux. Continuer sur un sentier entre des fougères en tournant à gauche, puis remonter à gauche vers Fontanier lorsque le chemin décrit un virage à droite. **13** Bifurquer à gauche, en contrebas de la maison de Fontanier, sur un large chemin. Rejoindre un autre chemin à l'entrée de Fradas et descendre à droite entre les murets. Passer le ruisseau de Gérize et remonter à droite du moulin de La Planche-de-Fradas. Un peu plus haut, à la patte-d'oie, continuer à gauche. A la ferme de Chamble, poursuivre sur le chemin goudronné. **14** Traverser la D 66 devant le cimetière du Brugeron. Dans le bourg, virer à droite, puis à gauche pour atteindre l'église.

● **Le Brugeron** : tous commerces. Camping, 2 hôtels, gîte communal (65 places) 73.72.60.09.

| **Voir et savoir** | Sur Olliergues : voir p. 26 • **Sur Marat et Le Gripel** : voir p. 62 ★ vallée de la Dore après Olliergues ■ ancien moulin à La Planche-de-Fradas en 13 • hameaux de Fougère (avant 5) et du Bouchet (en 5). |

| **A proximité** | manoir de Genilhat, dont la tour domine la vallée de la Dore ☕ fromage de chèvre aux Igonins. |

**2 h 15**
**~ 830 m**

**Niveau** : difficile, surtout à partir du Gripel.

**Difficultés** : montée très physique dans Olliergues et très difficile sur quelques passages entre 2 et 4, avec quelques ornières – descente parfois difficile sur sentier creux entre 5 et 6 – montée très difficile entre 6 et 7, puis difficile à très difficile entre 8 et 10 et avant 13 – descente difficile après Fradas – quelques passages techniques très difficiles pour monter au Brugeron.

*Une patte-d'oie après Marat, entre les points 6 et 7. A 600 m d'altitude, nous sommes encore dans l'étage collinéen. -PE-*

# WEEK-END 4

## ÉTAPE 2
**17 km | 5 h 00**

### TRONÇON 3
### Le Brugeron • La Faye
**9,5 km | 2 h 45**

● **Le Brugeron** : hébergement et ressources (voir p. 93).
Place de l'église, descendre la Grand-Rue face à l'église. Aux hôtels, poursuivre tout droit sur la D 37 (**point de vue à droite sur le Vimont ou Pic-Pelé**). **1** Juste derrière la croix blanche, suivre la petite route à droite. Traverser La Lombertie et prendre le chemin en face. Bifurquer à droite sur la D 102. **2** Quitter la route pour descendre à gauche de La Pommerette, puis tourner à droite à 50 m. Partir à gauche après le ruisseau et, à la patte-d'oie, remonter à droite. Suivre la route qui descend vers le hameau de La Bessière et prendre le chemin en face 70 m plus loin. Au fond du vallon, longer en bordure de prés le ruisseau de La Faye. **3** Franchir le petit pont à gauche. A 50 m, emprunter le chemin à droite ; on retrouve à 100 m un autre chemin perpendiculaire que l'on prend aussi à droite. Suivre la D 97 à gauche sur 300 m.

▌ *Variante VTT* : suivre la route en face et virer sur celle montant à La Terrasse.

Monter alors ce chemin à droite pour rejoindre le hameau de La Terrasse. Bifurquer à droite sur la petite route. **4** Au hameau de Montguiller, emprunter un chemin herbeux montant à gauche d'un garage. A l'intersection, prendre la large piste à droite. Au bout, reprendre la route à gauche, et, à 70 m, continuer sur un chemin en sous-bois à droite. On traverse 2 croisements. 250 m après une zone de débardage, virer à droite. **5** A un carrefour important, tourner à gauche sur un chemin herbeux : il débouche près de la ferme de Loumerie. Prendre alors à droite et tout de suite en face ; laisser plus loin un chemin à droite (**point de vue à gauche sur les monts du Livradois**).

---

### LE LIT DE LA DORE EST PLUS

Au même titre que les Limagnes de Clermont-Ferrand à l'ouest, de Montbrison à l'est et du Puy au sud, la longue et étroite plaine d'Ambert à Arlanc est un graben, c'est-à-dire un compartiment tectonique effondré au cœur des granites et migmatites qui forment ses flancs escarpés.
Si la différence d'altitude est grande entre le niveau de la plaine (530 m au nord, 580 m au sud) et ceux des sommets (le Livradois culmine à plus de 1 200 m à l'ouest, et le Forez à près de 1 600 m à l'est), il ne faut pas considérer la formation de ce bassin comme le résultat d'un effondrement brutal et rapide. C'est, bien au contraire, d'un réajustement tectonique lent et régulier qu'a résulté cet enfoncement progressif, qui s'est poursuivi sur de longues périodes géologiques.

*Point de vue vers l'est au départ du Brugeron. -PE-*

**2 h 50**
**~ 349 m**

**Niveau** : très difficile.
**Difficultés** : le parcours alterne presque en continu les descentes et les montées difficiles ou très difficiles, souvent techniques, sur des chemins abîmés, herbeux, humides ou embroussaillés – poussette entre **7** et **8**.
**Variante** : entre **3** et La Terrasse.

---

**TRONÇON Le Brugeron | La Faye**

Olliergues - Le Brugeron - Aubusson-d'Auvergne

### VIEUX QUE LA PLAINE D'AMBERT

*C'est ainsi que la Dore a eu le temps de creuser son lit, en aval d'Ambert, dans les roches cristallines du socle (beaucoup plus dures que les sédiments de la plaine), non pas comme un torrent en un cours rectiligne, mais comme une rivière en pleine maturité qui impose à ce socle hercynien le cours méandriforme qu'elle possédait déjà (comme toutes les rivières de plaine) lorsque la région est devenue, à la fin du primaire, une vaste pénéplaine à l'échelle du Massif central.*

*De la même façon, l'Allier, à l'Ouest, a maintenu son cours sinueux pour traverser le horst (compartiment en saillie) de Saint-Yvoine à l'aval d'Issoire, et la Loire, à l'est, a pu imposer ses méandres dans le socle viséen entre Feurs et Roanne.*

*Jean-Jacques PÉRICHAUD*

### Voir et savoir

★ vallée du ruisseau de La Faye ✦✦ château privé de La Faye en 6 : deux tours et une chapelle en ruine subsistent de ce qui fut un des principaux fiefs des barons d'Olliergues • ruines du château de Montgon à Aubusson-d'Auvergne ⚑ église du 15e siècle à Aubusson-d'Auvergne, abritant deux Vierges romanes et une châsse du 13e siècle ■ constructions en pisé à La Roche en 10 • maisons de tisserands, à balcons superposés, à Aubusson-d'Auvergne • bascule à bétail à La Lombertie après 1.

### A proximité

★ source ferrugineuse à Morange ⚑ chapelle N. D. d'Espinasse, sur la route d'Aubusson à Courpière, de style gothique méridional ■ nombreuses jasseries ⬢ sentier de découverte du Chemin de Saute-Ruisseau (réalisé à l'initiative du Parc) au bord du lac d'Aubusson-d'Auvergne • lac d'Aubusson-d'Auvergne : voir p. 96.

*Le hameau de La Bessière, entre les points 2 et 3. -PE-*

### TRONÇON 4
### La Faye • Aubusson-d'Auvergne
**7,5 km | 2 h 15**

• **La Faye :**

**6** Juste avant le château en ruine de La Faye (**point de vue sur les monts du Livradois et la chaîne des Puys**), obliquer à droite . **7** Recouper la D 97, descendre à droite et traverser la passerelle. A l'intersection, descendre à gauche, puis franchir une clôture en lisière de bois pour continuer le long des prés. Prendre en face à l'embranchement. Passer le virage en épingle (**point de vue sur Pierre-sur-Haute**) pour suivre le chemin herbeux et descendre la D 42 sur 500 m. **8** Quitter la route devant une petite mare et monter à droite. Dépasser les maisons des Gaudilles (**point de vue sur Pierre-sur-Haute**) et tourner à gauche ; au croisement, bifurquer à droite (**plusieurs points de vue entre 8 et 10 sur la chaîne des Puys**). .**9** Au gros tilleul du Masdorier, s'engager à gauche : le chemin rejoint Gourgoux, traverse la D 311 et se poursuit en descente. Remonter vers La Roche. **10** A la sortie du hameau, obliquer à gauche, puis revenir à gauche à l'intersection. Gagner Aubusson-d'Auvergne par la route.

● **Aubusson-d'Auvergne** : gîte des Quatre-Vents, 88 places, restauration, ravitaillement, location de VTT, de ski (73.53.16.94) ; chambres d'hôtes et dortoir (8 places) au Moulin des Vergnières (73.53.53.01).Hôtel-restaurant (73.53.55.78).

TRONÇON La Faye | Aubusson-d'Auvergne

## WEEK-END 4

### ÉTAPE 3
**15 km | 4 h 30**

### TRONÇON 5
**Aubusson-d'Auvergne • Augerolles**
**8 km | 2 h 30**

● **Aubusson-d'Auvergne** : hébergement et ressources (voir p. 95).
De la petite place de la Fontaine, face au restaurant «Le Bon Coin», prendre la rue principale. Au bout de celle-ci, monter à droite sur la D 41. **1** Après la première maison de La Guétie, prendre le chemin goudronné à droite. En arrivant au petit étang, descendre sur le sentier herbeux. Virer à gauche à l'intersection. **2** Après l'auberge de La Borie, poursuivre sur 300 m et descendre au lac. Un sentier longe la berge puis franchit un petit pont de bois avant de remonter à droite

*Le lac d'Aubusson-d'Auvergne. -HM-*

(consulter la rubrique «Voir et Savoir» concernant ce sentier de découverte).
● **La Borie** : gîte équestre (20 places), ferme-auberge et location de VTT : 73.53.51.54.
**3** 50 m avant la digue, virer franchement à gauche : le chemin monte à travers le bois de Regros. Déboucher sur la route et obliquer à droite. Traverser le hameau de Commiot, puis continuer sur un chemin herbeux. **4** Passer tout droit devant le transformateur du Châtaignier. Reprendre la route à gauche du petit étang. **5** A La Coudercie, obliquer à droite avant la dernière maison. Un chemin creux descend au ruisseau puis remonte à la D 45. La suivre, à gauche, sur 40 m et bifurquer à droite. **6** Aux Grimardies, passer à gauche de la croix, puis emprunter la petite route à gauche. Tourner encore à gauche avant le transformateur (**un peu plus loin, on bénéficie d'un panorama sur Pierre-sur-Haute et les monts du Forez, les monts du Livradois, les Monts-Dore et la chaîne des Puys**). Traverser la D 42 et s'engager sur le chemin goudronné en face : il rejoint la route un peu plus bas.

Suivre cette route jusqu'à Augerolles.
● **Le Vert, près d'Augerolles** : ferme-auberge : 73.53.51.29.

### Voir et savoir
Sur **Aubusson-d'Auvergne** : voir p. 95 • Sur **Olliergues** : voir p. 26 ★ vallée de la Dore (avant **10** jusqu'à Olliergues) ✝ croix des Grimardies (1724) en **6** • l'église d'Augerolles (12$^e$ - 16$^e$ siècle) abrite un panneau en bois sculpté du 16$^e$ ou 17$^e$ siècle figurant une danse macabre • croix du 14$^e$ siècle place de l'Église à Augerolles ■ maison Renaissance place de l'Église et autres maisons anciennes à Augerolles ⌂ château privé des Grimardies : ensemble de bâtiments du 17$^e$ au 19$^e$ siècle, d'architecture presque rurale, avec de belles grilles en fer forgé du 18$^e$ ⬡ pain artisanal au gîte de La Borie ⬡ lac d'Aubusson-d'Auvergne : pêche, planche à voile, baignade, barque, équitation • sentier de découverte : faune et flore aquatiques et subaquatiques, observation ornithologique (observatoire au bout du sentier des Oiseaux, créé à l'initiative du Parc) • pisciculture à Montnebout en **8**.

### A proximité
✝ église gothique de La Chabasse ■ Les Granges (en **10**) ⬡ siège du P.N.R.L.F. à St-Gervais-sous-Meymont.

### LES SAUMONS DE LA DORE

**Hier...** Les livres terriers ambertois du XV$^e$ siècle notent, parmi les redevances dues par les manants, de nombreux saumons pris en saison dans la rivière de Dore... Dans les années 1830, l'ancien maire, Madur-Dulac, signale encore des remontées spectaculaires de saumons venus frayer dans les gravières de Marsac... La Dore était alors exempte de pollution !
Michel BOY

**Aujourd'hui...** Les pêcheurs vous le diront, il y a des années qu'ils n'ont plus capturé de saumons dans la Dore. Pour tenter de remédier à cette quasi-disparition de l'espèce sur l'axe Loire-Allier (la Dore est un affluent majeur de l'Allier), la pisciculture du Conseil Supérieur de la Pêche (C.S.P.), à proximité d'Augerolles, produit, à partir de géniteurs capturés sur notre plus long fleuve national, de jeunes saumons (alevins, tacons, smolts) qui sont déversés, entre autres, dans les eaux de la Dore. On espère ainsi que les saumons adultes viendront se reproduire dans une des rivières qui les ont vu «naître», comme c'est le cas dans la nature.

*Saumon de l'axe Loire-Allier remontant sur l'Alagnon. -LUTRA-*

*Le château des Grimardies (XVIIe - XIXe s). -PE-*

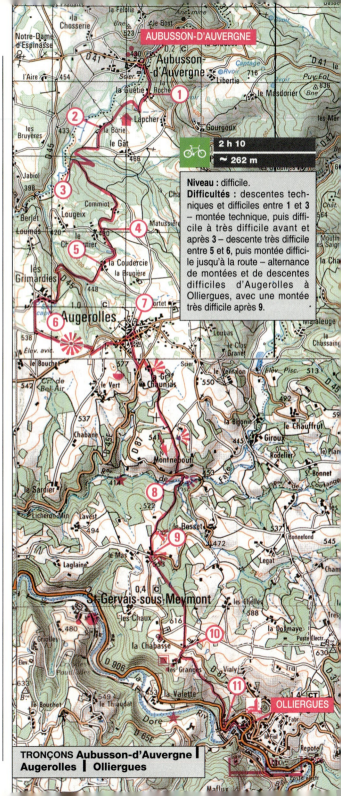

**AUBUSSON-D'AUVERGNE**

🚴 2 h 10
~ 262 m

**Niveau** : difficile.
**Difficultés** : descentes techniques et difficiles entre 1 et 3 – montée technique, puis difficile à très difficile avant et après 3 – descente très difficile entre 5 et 6, puis montée difficile jusqu'à la route – alternance de montées et de descentes difficiles d'Augerolles à Olliergues, avec une montée très difficile après 9.

## TRONÇON 6
### Augerolles • Olliergues
**7 km | 2 h 00**

• **Augerolles :**

**7** Descendre la rue à droite de l'église et tourner à droite dans la rue principale, puis à gauche après la rue où est installée une cabine téléphonique. Rejoindre tout droit une route plus importante, à suivre sur 150 m à gauche avant de virer à droite en direction de Chez-Sauzet (**plusieurs points de vue sur les monts du Forez entre Augerolles et Olliergues**). Poursuivre par un chemin qui prolonge la petite route après la ferme et franchir un ruisseau. Continuer à droite à la patte-d'oie. **8** Traverser la D 87 et descendre en face sur un sentier herbeux qui longe une pisciculture. Franchir deux passerelles, remonter à gauche par un chemin herbeux. Suivre, après les bois, un chemin plus important à gauche. **9** Au Mas, prendre la route en face ; à l'intersection, devant le panneau «Les Chaux», grimper tout droit par un chemin à travers bois et prés. Traverser la route et continuer en face, à droite des vignes. **10** Couper deux petites routes pour descendre à gauche, juste avant la ferme des Granges. **11** S'engager en face de la chapelle sur un chemin goudronné en contrebas de la D 906. Entrer dans Olliergues par une grande rue, passer en bas de l'église et rejoindre la place de la Mairie.

● **Olliergues** : hébergement et ressources (voir p. 91).

**TRONÇONS Aubusson-d'Auvergne | Augerolles | Olliergues**

## WEEK-END 4

Vers Augerolles, au croisement avec la D 45. -PE-

**L'ENGOULEVENT.** «C'est au mois de juin, en rentrant d'une de vos balades, que vous décidez de vous attarder. [...] Soudain, un bruit étrange et monotone vibre dans la nuit, comme un ronronnement grave et continu, on dirait un rouet que tournerait une fileuse, tantôt proche, tantôt lointain» (J. Delamain). Vous venez d'entendre chanter l'engoulevent. Une ombre dans le ciel, deux grandes ailes de martinet, une longue queue arrondie, un vol lent et silencieux de nocturne : l'oiseau est parti chasser.

Arrivé d'Afrique fin avril, début mai pour repartir en août, l'engoulevent fréquente les taillis, les landes broussailleuses, les clairières, de préférence sur les versants bien exposés où abondent les insectes dont il se nourrit. Cet oiseau nocturne passe la journée plaqué contre une branche ou bien à terre, immobile tel un morceau d'écorce : son mimétisme est parfait. Sur le Forez, l'espèce est bien représentée, mais sur l'ensemble de l'Europe, elle est en déclin (Annexe 1 de la Directive Oiseaux). Serge CHALEIL

*Suite de la page 91*

Le bourg d'Olliergues, qui compte actuellement 300 emplois industriels environ, constitue un pôle original dans cette vallée : situé à mi-chemin entre les deux principaux foyers industriels du Livradois-Forez, celui d'Ambert au sud, centré surtout sur le travail du textile, et celui de Thiers au nord, orienté principalement vers le travail des métaux, son industrialisation a pu bénéficier successivement de ces deux apports. Traditionnellement inclus dans l'aire de relation ambertoise, le pays d'Olliergues a été atteint dès l'immédiat après-guerre, par l'intermédiaire de Courpière, par le front pionnier de l'expansion industrielle thiernoise, qui connaissait alors une période faste.

Comme à Courpière, les fabrications d'inspiration thiernoise ont ici été acclimatées aux modes d'organisation ambertois : il s'agit plus d'industrie que d'artisanat, d'esprit «entrepreneurial» que de compagnonnage ; les ateliers sont plus concentrés, et l'on évite ainsi la parcellisation de la fabrication.

Héritières de l'une ou l'autre de ces traditions, les entreprises d'Olliergues ont connu des mutations comparables à l'ensemble du tissu industriel de la vallée de la Dore, ainsi que l'illustrent les exemples suivants.

Plusieurs usines s'étaient installées sur un affluent de la Dore à Repote, en amont du bourg. L'une d'elles, qui produisait tout d'abord des toiles, s'est reconvertie une première fois dans la bonneterie, avant de s'orienter,

*L'entrée des Établissements FIMA à Genilhat (Olliergues). -PE-*

comme la plupart des ateliers ambertois, vers la fabrication de câbles électriques et de gaines isolantes. Néanmoins, les inconvénients du site, les difficultés rencontrées en certaines périodes pour recruter de la main-d'œuvre l'ont conduite à transférer son siège et une partie de ses activités à Ambert. En 1990, Tresses et Câbles d'Auvergne, qui est devenu le premier tresseur européen de fibres de verre, assurait 120 emplois sur ses deux sites d'Olliergues et d'Ambert. Toujours en amont d'Olliergues, à Marat, les bâtiments d'une ancienne entreprise textile furent repris en 1961 par une unité de menuiserie industrielle spécialisée dans les éléments de fenêtres. Elle fut rachetée en 1988 par l'entreprise FIMA, et employait une quarantaine de personnes en 1991. Dans les communes à l'aval d'Olliergues, comme Augerolles, se fait sentir l'influence thiernoise par la présence de petits ateliers travaillant les métaux, très souvent en sous-traitance. Certains, toutefois, ont trouvé des créneaux de spécialisation et développent des produits propres. C'est le cas, à Olliergues, des entreprises Villadère et Safico. La première employait en 1990 près de 70 personnes à la fabrication de tondeuses et de sécateurs. Créée en 1948, Safico est passée de la coutellerie classique à la production de pinces électroniques, et notamment d'instruments de chirurgie dentaire, qu'elle exporte à hauteur du quart de son chiffre d'affaires.
Mauricette FOURNIER

# WEEK-END 5

## Thiers  Château de Vaulx

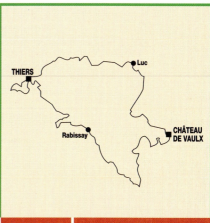

| 28 km | ▼ 310 m - ▲ 755 m | 8 h 50 | 2 étapes |

L'émotion est forte lorsqu'on découvre, en montant vers Pont-Haut, la ville de Thiers littéralement agrippée à la montagne. «Chaque maison est construite sur le vide», comme si, quelles que soient les difficultés d'implantation, tous avaient voulu être là pour vivre la grande épopée industrielle du couteau. Longtemps encore, dans cette ascension vers le plateau, on entend le mugissement de la rivière, rythmé par le bruit lancinant des marteaux-pilons. Au-delà, lorsqu'on atteint les terres agricoles et les noires forêts de conifères, l'objet de toutes les entreprises – le couteau – est encore présent dans les mémoires. Si la première partie de la seconde étape évolue d'abord dans des paysages marqués par l'élevage et la sylviculture, au-delà de Membrun, on redescend vers le trait d'union de ce pays : la Durolle. Tout au long du cours d'eau jusqu'à Thiers, la moindre chute d'eau fut autrefois aménagée pour faire tourner un rouet. Le couteau est refermé, et aujourd'hui le travail d'émoulage se fait en atelier ; d'où l'intérêt de conclure cette étape par une visite à la Maison des Couteliers pour voir au moins une fois le «ventre jaune» couché sur sa meule à gré, son chien sur les reins...

### Thiers, capitale de la coutellerie

On ne présente plus Thiers comme capitale mondiale de la coutellerie... Et pourtant il a fallu à cette cité des bords de la Durolle, péjorativement affublée du surnom de «ville noire», des siècles pour mériter ce titre, depuis la fin du Moyen Âge, où vraisemblablement cette industrie a vu le jour au côté d'autres déjà existantes (moulins à blé, à drap, à tan, à papier, etc.), jusqu'au milieu du siècle dernier, où elle commença à revendiquer fièrement ce statut d'exception. A y regarder de près, rien cependant n'indiquait au

*Le Creux de l'Enfer : un site étonnant où l'on peut découvrir un centre d'art contemporain, installé dans une usine désaffectée. -ND-*

départ que Thiers connaîtrait un tel destin industriel : ni le minerai de fer qu'elle n'avait pas, ni le charbon pour la forge qu'elle devait importer, ni les meules de grès qu'il lui fallait acquérir à grands frais à l'extérieur... Tout au plus possédait-elle l'«or blanc» en abondance (pour les chutes des moulins) et en qualité (pour la trempe des lames), ce qui explique l'extraordinaire aventure industrielle dans laquelle elle a pu alors s'engager...

D'abord circonscrit au quartier du Moûtier et au cours supérieur de la Durolle (Celles, La Monnerie), l'aréopage des forges, martinets d'étirage et moulins à aiguiser a littéralement explosé au cours des XVIIe et XVIIIe siècles dans la partie basse de la vallée, le fameux «Bout-du-Monde».

Mais seules les aiguiseries, couramment appelées «rouets», ont petit à petit envahi d'aval en amont les sites les plus accessibles des gorges de la Durolle, en les aménageant par un judicieux système de canaux et de biefs en prise sur la rivière.

Débordant de son cadre originel, le travail d'émoulage a ensuite gagné les parties hautes de la vallée (Chabreloche, Viscomtat) pour ne s'arrêter qu'aux limites de la forêt et des premières scieries. Si bien que, dans la seconde moitié du XIXe siècle, sur près de 130 ateliers recensés sur les rives de la Durolle, 90 étaient des rouets centenaires ou récemment construits dans les locaux désaffectés d'usines abandonnées (papeteries, tanneries ou simples meuneries). A quoi s'ajoutait une foule de «boutiques» ou ateliers de montage disséminés dans les moindres villages et hameaux de la montagne, où s'accomplissaient les derniers «rangs» destinés à donner au couteau son ultime fonction. Véritable maillon intermédiaire dans la chaîne du couteau, l'émouleur – l'homme couché devant sa meule – est devenu la figure emblématique et quasi mythique de toute une profession, et peut être considéré comme le symbole vivant de toute une cité organisée autour du travail du métal.

Jean-Louis BOITHIAS

*Cette bannière atteste la création de la chambre syndicale des Émouleurs et Polisseurs de Thiers, le 29 avril 1883. Cette organisation comptait, le 15 novembre 1883, cinq cents adhérents, comme l'écrit le maire de Thiers au sous-préfet. -FP-*

## Tout un pays

A la fin du XIXe siècle, quelque 15 000 à 20 000 personnes travaillent pour la coutellerie dans la région thiernoise. Chacune est à son poste, plus exactement à son «rang». En effet, divers corps de métiers interviennent dans le processus de fabrication, et chacun représente un rang. En tête de cette chaîne de production, on trouve le fabricant, qui fait ouvrer hors de chez lui les matières premières qu'il s'est procurées. Selon la complexité du couteau, de douze à vingt-deux rangs peuvent intervenir pour sa fabrication.

Parmi ceux-ci, on trouve:
- **le martinaire,** installé près de la rivière, qui étire et découpe l'acier ;
- **le forgeron,** qui, bien évidemment, forge la lame ;
- **l'émouleur,** qui travaille dans un des nombreux rouets (on en compta plus de 700) jalonnant le cours de la Durolle pour faire le tranchant de la lame sur une meule à gré ;
- **le polisseur,** souvent associé au précédent, qui opère, lui, sur une meule à feutre ;
- **le monteur,** qui intervient après que le fabricant eut réuni les différentes pièces constitutives du couteau et travaille le plus souvent chez lui.

Les crises économiques successives des XIXe et XXe siècles, la nécessaire évolution des modes de production ont conduit à la disparition de plusieurs de ces rangs et au regroupement des différents aspects du travail au sein d'une même entreprise.

Aujourd'hui, les machines à émoudre se sont substituées au travail à la main des «ventres

## DES SAVOIR-FAIRE, DES SAVOIR-VIVRE

# autour du couteau

jaunes» (les émouleurs), qui ont disparu à la fin des années 70, alors que déjà, à la fin des années 30, les forges étaient toutes éteintes ou presque, remplacées par les marteaux-pilons des estampeurs. Si quelques polisseurs travaillent encore à domicile, une part importante de leur activité se déroule en ateliers. Les monteurs-agriculteurs, qu'on trouvait dans tous les villages (de Châteldon à Saint-Victor-Montvianeix, au nord, jusqu'à Vollore-Ville, au sud), conservent un peu de travail à domicile, mais leur savoir-faire est surtout cantonné dans les ateliers...

Une constante demeure pourtant : Thiers reste marqué par la coutellerie qui, à elle, seule regroupe 45 % des emplois industriels locaux, et réalise encore plus de 70 % de la production française. Quant à la Maison des Couteliers, tout à la fois écomusée et conservatoire des traditions artisanales, elle contribue à maintenir très haut l'image de qualité attachée à la production de tout un pays qui a vécu et vit encore en grande partie autour du couteau.

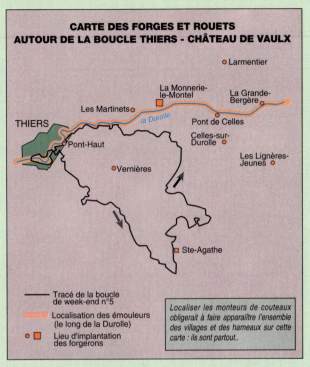

**CARTE DES FORGES ET ROUETS AUTOUR DE LA BOUCLE THIERS - CHÂTEAU DE VAULX**

Localiser les monteurs de couteaux obligerait à faire apparaître l'ensemble des villages et des hameaux sur cette carte : ils sont partout..

De nombreux ouvrages ont paru sur le sujet évoqué ici ; une des dernières publications, —Couteaux et Couteliers— de Marc Prival, aux Éditions CRÉER, à Nonette, en 1990, nous semble en donner une vision très complète.

**LE ROUET**. «Dans le rouet, la dive bouteille empêchait les discordes, entretenait les amitiés, constituait le nœud de la famille ouvrière. Autour d'elle s'évoquaient les souvenirs, se racontaient les potins, se disaient les espoirs, les peines, les appréhensions, les blagues. Les blagues surtout. Celles qui font tordre, qui font trouver la vie belle malgré sa laideur, que le patois subtil rend plus riches encore en exprimant des nuan-ces qu'aucune langue écrite ne peut donner.»
Fernand PLANCHE

Le rouet Georges - Lyonnet. - ND -

# WEEK-END 5

## ÉTAPE 1
**16 km | 4 h 50**

### TRONÇON 1
**Thiers • Rabissay**
**7 km | 2 h 00**

**2 h 15 (étape 1)**
**~ 420 m**

**Niveau :** difficile.
**Difficultés :** montées difficiles et parfois techniques jusqu'au point 3 et entre 4 et 5 – descente sur sentier étroit avant 5 (1 km), puis difficile entre 5 et 7 – descente très difficile et technique après 7 – montées difficiles et techniques entre 7 et 9, puis courte montée très difficile avant 9 – montée difficile avant Vaulx.

● **Thiers** : O. T. (73.80.10.74). Tous commerces et services. Hôtels, gîte rural (renseignements auprès de l'office de tourisme).
De la place de l'Europe, prendre la rue de Clermont sur la gauche en direction du Creux de l'Enfer. Poursuivre dans la même direction en passant à gauche de l'église du Moûtier. Remonter l'avenue Joseph-Claussat sur 1,5 km. **1** Au pont de Seychalles, grimper à droite par la rue des Papeteries, puis tourner à droite. Au faubourg de La Vidalie, continuer à monter en face, légèrement à droite. Laisser l'impasse de La Rougerie à gauche, puis s'engager à gauche rue du Faubourg-de-La-Vidalie. A Pont-Bas, poursuivre en face, en direction de Pont-Haut-Les Mûres. **2** Dans la deuxième épingle, emprunter une large piste sur 100 m, puis grimper à gauche par un sentier en sous-bois. En sortant du sous-bois **(point de vue sur la chaîne des Puys)**, le sentier devient un chemin herbeux, en bordure de champs. Continuer tout droit au croisement. A 250 m, emprunter à droite un large chemin, d'abord cailloteux puis goudronné. **3** Passer devant la ferme du Faux-Martel, puis virer à gauche 100 m plus loin. Descendre sur la route jusqu'au carrefour, monter par la D 102 en direction de Sainte-Agathe et bifurquer sur le premier chemin à gauche. S'engager à droite au croisement, passer dans une

---

**Voir et savoir** ★ étang de Vaulx ♨ à Thiers, église Saint-Genès : édifice roman remanié, construit en pierre de Ravel (variété d'arkose) ; pignon sud orné de mosaïques ; très grande coupole • église du Moûtier : ancienne abbatiale des 10e, 12e et 15e siècles : chapiteaux et fresques • église d'inspiration romane à Sainte-Agathe ☐ hameaux de Rabissay et Chapet (hors circuit) en 4 🏛 vieille ville de Thiers : passages, rues et cours intérieurs bordés de logis des 15e, 16e et 17e siècles, à pans de bois ou ornés de tourelles ; la maison du Pirou, du 15e siècle, abrite l'office de tourisme • rue de la Coutellerie, avec la maison de l'Homme des Bois au n° 21 • pont de Seychalles du 15e siècle • anciennes usines et cascade au Creux de l'Enfer ⛰ château de Vaulx du 13e et 16e siècle ⬤ fromage de chèvre aux Bergerettes entre **2** et **3** ● centre d'art contemporain au Creux de l'Enfer • circuit jalonné de sculptures monumentales (Vladimir Skoda, Patrick Raynaud, Dennis Oppenheim, Georges Trakas, Yves Guérin, Michel Gérard, Anne et Patrick Poirier) dans Thiers et les environs • maison-musée des Couteliers • centre de VTT à Thiers.

**ÉTAPES 1 ET 2**

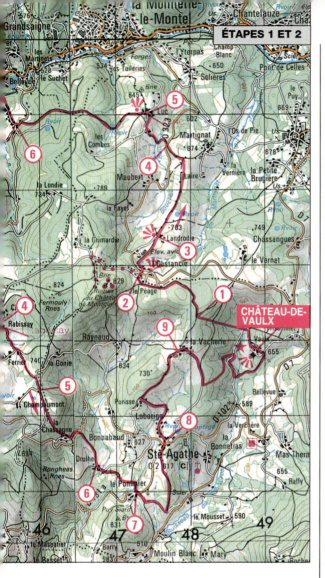

plantation de conifères et redescendre en lisière de bois. Prendre un chemin goudronné à gauche jusqu'à Rabissay.

## TRONÇON 2
### Rabissay •
### Château de Vaulx
**9 km | 2 h 50**

• **Rabissay :**

**4** Traverser le hameau et suivre un chemin de terre sur 300 m. A l'embranchement, virer à gauche. 400 m après la ferme de Carton, prendre à droite une meilleure piste sur 200 m.

> Hors circuit : tourner à gauche pour se rendre à la ferme de La Gonie.

**5** Continuer tout droit devant la maison rénovée de La Bâtisse. 100 m après un virage marqué sur la droite, descendre à gauche sur un chemin herbeux entrant dans les plantations. A La Chassagne, suivre à gauche le chemin goudronné. Traverser la D 102 et descendre sur la piste en face. **6** A Drulhe, rester sur le chemin principal, franchir le pont et virer à gauche à la croix de fer. **7** Au Pommier, partir d'abord à gauche, puis à droite et s'engager sur la piste à droite après la dernière grange. A la patte-d'oie, poursuivre à gauche sur 400 m. Laisser la piste dans un virage pour monter à gauche par un chemin herbeux, que l'on suit jusqu'à la D 131. Rejoindre Sainte-Agathe. **8** De la place de l'Église, monter en direction de Lobarige. Traverser ce hameau et continuer sur le chemin à gauche. A 200 m, bifurquer à gauche sur un chemin herbeux et continuer en face sur un étroit sentier. A 100 m, prendre un chemin plus large à droite. **9** Traverser La Vacherie par le chemin goudronné. Prolonger sur la route : on descend entre les champs, puis à travers des plantations de résineux. Obliquer en descente sur le premier chemin à gauche et passer la ruine de La Brousse. S'engager à droite dans un chemin herbeux plus important, sous des frondaisons de noisetiers. Longer une clôture à main gauche, passer la barrière et descendre sur le sentier à gauche. Après le petit pont, monter vers le château de Vaulx.

● **Château de Vaulx :** chambres d'hôtes, tables d'hôtes et gîte d'étape RANDO'PLUME : 73.51.50.55.

*L'église Saint-Genès de Thiers, telle qu'on la voit à partir de Pont-Bas. -JC-*

*Le château de Vaulx (privé), bâti aux XIII<sup>e</sup> et XVI<sup>e</sup> siècles, près du col de Frissonet. -ND-*

### Voir et savoir

**Sur Thiers :** voir étape 1 page 102 ★ gorges de la Durolle et vallée des Rouets entre **7** et **8** • rocher des Margerides ☀ table d'orientation de la terrasse du Rempart à Thiers : panorama sur la Limagne, les Monts-Dore et la chaîne des Puys ▪ ancienne ferme et lavoir à Luc • 29 rouets d'émouleurs dans la vallée des Rouets (entre **7** et **8**; voir aussi notre avertissement concernant la vallée des Rouets), balisés et numérotés ⬣ château de Montguerlhe, du 14<sup>e</sup> siècle (hors circuit en **2**) ⬡ sentier de la vallée des Rouets, balisé en jaune et rouge • sentier des Margerides (4 h balisé en vert).

### A proximité

⬣ parc de loisirs Iloa (à l'ouest de Thiers) • toutes activités aquatiques, tennis.

## ÉTAPE 2
**12 km | 4 h 00**

### TRONÇON 3
### Château de Vaulx • Luc
**5 km | 1 h 30**

● **Château de Vaulx :** voir page 103. Sortir du parc en passant sous les bâtiments des communs et s'engager dans l'allée. A la sortie du virage, emprunter un petit sentier à droite après le bief, suivre les bornes G.D.F. et grimper tout droit. **1** Au sommet de la butte, tourner à droite et s'engager immédiatement à gauche en sous-bois. Dans la petite clairière, emprunter le chemin à gauche à travers les fougères. A la croix des Quatre-Chemins, suivre le chemin creux en face, puis prendre à droite à 250 m. **2** A la croix du Péage, descendre à droite sur le chemin goudronné.

> Hors circuit : monter par la route à gauche, prendre le premier chemin à gauche et, 350 m plus loin, grimper en sous-bois vers les ruines du château de Montguerlhe.

Traverser la route. A 50 m, bifurquer à gauche. A L'Obstancie (**point de vue sur Saint-Rémy-sur-Durolle, le puy de Montoncel et les Bois Noirs, ainsi qu'en 3**), passer sous la ferme et prendre en face un chemin plus visible, étroit et embroussaillé. Reprendre la route à droite sur 100 m. **3** A la croix de Landrodie, quitter la route pour suivre le chemin en face, tout droit sur 1,2 km, avant de descendre à gauche. **4** Traverser la D 323, passer le ruisseau du Bouchet et remonter. Suivre la route à droite en direction de Luc.

 **1 h 45 (étape 2)**
≈ **336 m**

**Niveau :** difficile, avec des montées très physiques.
**Difficultés :** montée très difficile en sous-bois entre le château de Vaulx et le point **1**, puis difficile en quelques endroits entre **1** et **2** – montées et descentes difficiles entre **5** et **6**, ainsi qu'après **6** par la variante et dans Thiers (escaliers).
**Variante :** obligatoire à partir de Membrun pour éviter la vallée des Rouets, (impraticable à VTT).

**A THIERS, LE SOCLE FORME UNE MARCHE.** La ville est construite sur une faille nord-sud qui sépare la plaine de Limagne à l'ouest du socle cristallin en saillie à l'est[(1)]. La Limagne est un large et profond bassin d'effondrement rempli par des sédiments de l'époque oligocène (environ 30 millions d'années), représentés ici par des sables, des argiles et des calcaires marneux. La partie basse de la ville repose sur ces sédiments tertiaires, alors que la partie haute est bâtie sur le socle cristallin, dont l'âge de formation est beaucoup plus ancien. A Thiers, ce socle est constitué d'un granite dont la pâte finement grenue renferme de grands cristaux de feldspath blanc. La Durolle a eu beaucoup de peine à éroder cette roche particulièrement dure, ce qui explique l'étroitesse de sa vallée en forme de gorge et l'abondance

### TRONÇON 4
### Luc • Thiers
**7 km | 2 h 30**

**5** Dans Luc, prendre à gauche le chemin goudronné **(point de vue sur la vallée de la Durolle, le puy de Montoncel et les Bois Noirs)**. Continuer à gauche du réservoir, franchir un ruisseau et remonter en sous-bois. On laisse un chemin à droite pour descendre tout droit vers la D 320, que l'on emprunte à gauche sur 50 m. **6** À l'entrée de Membrun,

> Pour l'heure actuelle, la vallée des Rouets est impraticable, et ce jusqu'après l'année 1995. Les randonneurs qui l'emprunteraient le font sous leur entière responsabilité ; en cas de problème, l'éditeur et les autorités locales dégagent la leur. En conséquence, suivre la variante VTT.

> Variante VTT : tourner à gauche, pour éviter la vallée des Rouets, et rejoindre le point 2 de l'étape 1, puis Thiers.

tourner à droite et traverser le hameau. A l'intersection après l'usine, un sentier peu visible part à droite en contrebas des deux autres chemins. A 200 m, descendre à droite en sous-bois après un lacet. Traverser la voie ferrée et suivre la sente à gauche. Laisser à droite les escaliers descendant aux ruines du rouet et rester sur cette sente. On passe sous le viaduc, puis, plus bas, derrière le rouet. **7** Franchir la passerelle du rouet Georges-Lyonnet et s'engager dans une sente immédiatement à gauche. Elle longe la Durolle en passant devant le rouet n° 20. Laisser le pont de Chez-l'Âne et continuer à longer la rivière sur la même rive. Au rouet n° 14, remonter sur la gauche par un chemin herbeux décrivant un lacet. Continuer à monter à l'intersection. A 50 m, redescendre dans la vallée juste avant une bâtisse en bois. Suivre la sente jusqu'au pont en pierre. Sur l'autre rive, passer à côté des rouets n°s 7 et 8 avant de franchir une passerelle en bois. Remonter par le chemin herbeux, laisser un sentier, descendre vers le rouet n° 4 et continuer à monter. Descendre à la patte-d'oie vers les rouets n°s 1, 2 et 3. **8** Pas-

ser un autre pont en pierre et grimper vers la crête rocheuse **(multiples points de vue sur le site de Thiers)**, poursuivre l'ascension jusqu'au croisement de quatre chemins et prendre le sentier à droite. Passer sur la conduite forcée et rester sur ce même sentier . **9** Descendre à droite au hameau de Dégoulat sur le chemin goudronné. A la croix, descendre les escaliers jusqu'à la chapelle Saint-Roch. Traverser la route et prendre en contrebas, à gauche, la petite rue Saint-Roch, puis la rue des Papeteries. **10** Traverser le pont de Seychalles, remonter la rue Durolle jusqu'à la place du Pirou, puis descendre la rue de la Coutellerie. A 200 m, descendre les escaliers de la rue de La Dore. Tourner à droite rue Gambetta et poursuivre rue Rouget-de-Lisle. Au feu, traverser à gauche le pont du Navire. En prenant à droite, on regagne le parking de la place de l'Europe.

● **Thiers** : hébergement et ressources (voir p. 102).

**Carte de la boucle
pages 102-103**

*L'agglomération thiernoise, vue depuis Pont-Bas, est littéralement agrippée à la montagne. -ND-*

des affleurements observables. Plus à l'est, un granite également porphyrique (à grands feldspaths) mais à gros grains, dit granite de Saint-Julien-la-Vêtre, constitue le socle. Moins résistant à l'érosion, les vallées y sont plus larges et les sols sont formés d'arènes provenant de l'altération superficielle de ce granite dont les affleurements frais sont rares. Ces granites sont tous deux d'âge hercynien (300 millions d'années environ).
Les migmatites à biotite et muscovite (micas noir et blanc) qui affleurent plus à l'est, à partir du village de Celles-sur-Durolle, sont des roches métamorphiques litées qui complètent cette série de roches formant le socle ; ce sont les plus anciennes ; leur origine est due à l'orogénie calédonienne (environ 400 millions d'années).
Entre Celles-sur-Durolle et Le Buisson au sud (et plus particulièrement dans le secteur de Sainte-Agathe), le parcours pédestre recoupe plusieurs de ces filons de quartz que l'on rencontre fréquemment dans le socle cristallin du Livradois. Celui-ci, rigide depuis l'ère primaire, a été maintes fois fracturé lors des grands soubresauts tectoniques ultérieurs. Ces failles ont été lentement cicatrisées par un remplissage de quartz amorphe massif, translucide à éclat gras.
Jean-Jacques PÉRICHAUD

(1) Cette constatation se fait aisément quand on est sur la terrasse du Rempart (consultez la rubrique «Voir et Savoir»).

## DES SAVOIR-FAIRE, DES SAVOIR-VIVRE

# La ferme du Livradois

1 - Maison primitive avec la bergerie au rez-de-chaussée et l'habitation à l'étage, surmontée d'un petit grenier accessible par une échelle de meunier intérieure.

2 - Grange-fenil construite ultérieurement (au XIX<sup>e</sup> siècle en général) ; elle devient nécessaire avec l'augmentation du troupeau et surtout l'apparition de bovins sur l'exploitation.

Cette maison n'a pas d'étage, excepté un grenier qui surmonte l'habitation. Ici, la grange ouvre son «battant» entre la maison et l'étable, mais parfois la seconde jouxte la première.

1 - L'ancienne maison d'élevage en hauteur, où l'escalier extérieur a été enlevé, est devenue une grange étable.
2 - Maison d'habitation nouvelle.
3 - Une porcherie ou une remise, au rez-de-chaussée, plus un bûcher, à l'étage, viennent s'ajouter perpendiculairement aux bâtiments existants, l'ensemble constituant la ferme en L, si caractéristique du Livradois central et oriental.

La maison du Livradois-Forez, telle que nous la connaissons aujourd'hui est le fruit d'une évolution architecturale récente, dont les prémices remontent au début de la deuxième moitié du XIX<sup>e</sup> siècle.

Il subsiste cependant quelques bâtiments-témoins de l'architecture du Livradois et des monts du Forez, dont on retrouve les traces dans toute l'Auvergne orientale, excepté au sud où les chaumières semblent avoir été abandonnées plus tôt. Il s'agit presque toujours de maisons de deux types :
- la maison en hauteur ;
- la maison-bloc, entièrement de plein-pied.

A partir du XVII<sup>e</sup> siècle, avec l'apparition des tuiles rondes, ces deux types de ferme vont subir de profondes modifications, d'abord dans les régions proches de la Limagne, puis, dans la seconde moitié du XIX<sup>e</sup> siècle, jusque dans les zones centrales montagneuses.

Contrairement aux anciennes chaumières, un étage apparait, qui s'étend sur toute la longueur du bâtiment. Il est occupé entièrement par la grange et le fenil, ou pour partie seulement, une ou plusieurs pièces d'habitation occupant le reste. Mais c'est au cours de cette seconde moitié du XIX<sup>e</sup> siècle que se précise la tendance à la séparation du logement humain de celui des animaux avec la construction d'une habitation nouvelle. Souvent, cette évolution s'est doublée d'une extension des bâtiments existants, comme on peut le voir sur les deux dessins ci-contre.

Au sujet de l'habitat, voir aussi p. 38-39 et p. 52-53.

**VALORISATION CONTEMPORAINE DES TECHNIQUES ANCIENNES.** Pour en savoir plus sur les qualités et les possibilités des matériaux traditionnels, qu'il s'agisse de restaurations ou de constructions neuves, vous pouvez contacter l'un ou l'autre des organismes spécialisés suivants :
- le conservatoire des Paysages d'Auvergne (9, rue Chabrol - 63200 Riom - tél. 73.63.18.27) pour l'ensemble des techniques anciennes et leur adaptation ;
- Pisé, Terre d'Avenir (Chassenet - 63260 Thuret - tél. 73.97.91.07) pour le pisé ;
- le parc naturel régional Livradois-Forez : service d'assistance architecturale (Saint-Gervais-sous-Meymont - 63880 Olliergues - tél. 73.95.57.57) pour des informations sur les aides éventuelles au maintien des techniques et des matériaux anciens. Luc BREUILLÉ

## LE PARC NATUREL RÉGIONAL LIVRADOIS-FOREZ
### un outil de développement au pays des savoir-faire

Le col des Fourches au printemps. - CG/LUTRA -.

Associant de façon originale développement économique et social à la protection et la gestion de leur patrimoine, les Parcs Naturels Régionaux français constituent depuis 25 ans une expérience particulièrement riche pour l'aménagement du territoire.

Parmi eux, le Parc Naturel Régional Livradois-Forez appartient à une nouvelle génération. Né en 1986 de la volonté des élus locaux de s'associer pour créer un outil de revitalisation de ce territoire, si riche de son passé et de sa culture, si fragile aussi de son patrimoine et de son économie, il regroupe 175 communes et occupe 300 000 ha sur les deux départements du Puy-de-Dôme et de la Haute-Loire. Il se singularise, par rapport à d'autres Parcs, par une priorité forte donnée dans sa charte constitutive au développement économique et social.

**Ses missions** se réfèrent aux quatre axes qui définissent l'action des Parcs Naturels Régionaux :
• protéger et valoriser le patrimoine naturel, mais aussi culturel et humain ;
• contribuer au développement de son territoire ;
• accueillir et informer le public ;
• enfin, innover et expérimenter au service de l'aménagement des territoires ruraux.

**Son action** se caractérise par son approche pluridisciplinaire et on peut citer, parmi les différentes missions qu'il conduit :
• assurer le maintien et le renouvellement des agriculteurs grâce à une meilleure gestion de l'espace ;
• aider au développement de nouvelles filières de production et de transformation agricoles et des industries du bois ;
• favoriser la reprise et la création d'activités ainsi que la valorisation de l'environnement par l'entreprise ;
• aider au maintien des services en milieu rural ;
• organiser une offre touristique de qualité (hébergements, itinéraires de randonnée, équipements de découverte, Route des Métiers, Train Touristique...) ;
• éditer des documents de promotion, d'information et d'accueil ;
• organiser des réseaux d'animation et de diffusion culturelle (Ciné Parc, Spectacles en Livradois-Forez, Association des Bibliothécaires, Festivals...) ;
• mettre en place une véritable politique du patrimoine bâti et des paysages du Livradois-Forez ;
• enfin améliorer la connaissance, la protection, la gestion et la valorisation du patrimoine naturel, grâce notamment à des actions de sensibilisation auprès des publics scolaires.

**Parc Naturel Régional Livradois-Forez**
Saint-Gervais-Sous-Meymont
63880 Olliergues
Tél. 73 95 57 57

# BOUCLE DORE

# Tourisme équestre : une

Boucle Dore a été conçue pour vous permettre, à vous cavaliers, de découvrir notre pays dans les meilleures conditions. La longueur des étapes, de 19 à 28 km, permet de prendre le temps de la découverte. Les sentiers les plus pittoresques ont été retenus et balisés. Vous trouverez gîte et couvert à chaque étape ainsi qu'un accueil approprié pour vos chevaux.

Cette randonnée, fruit d'une étroite collaboration entre le Parc Naturel Régional Livradois-Forez, les associations régionale et départementales de Tourisme Équestre, les prestataires locaux, constitue l'un des trois itinéraires qui, regroupés, formeront la nouvelle "Cavalée Bleue". Les randonneurs pédestres ou vététistes peuvent enchaîner Boucle Dore avec le Tour de Pays ou le circuit de week-end 3.

-PNRLF-

### Balisage

Le balisage de "Boucle Dore" est de couleur orange.
L'itinéraire est balisé dans les deux sens. Vous pouvez "entrer" sur Boucle Dore où vous le souhaitez.

### Carte

Un report de l'itinéraire sur vos cartes au 1/25 000ᵉ peut être effectué par les services du Parc, s'ils sont prévenus au moins quinze jours avant votre départ.

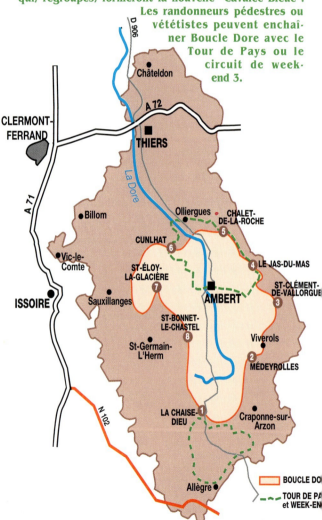

# semaine de randonnée en Livradois-Forez

**PARC NATUREL RÉGIONAL DU LIVRADOIS-FOREZ**
**BP 17 - 63880 SAINT-GERVAIS-SOUS-MEYMONT - TÉL. 73 95 57 57**

| GITES SUR RÉSERVATION | HÉBERGEMENT CAVALIER | HÉBERGEMENT CHEVAUX | RESTAURATION SUR PLACE | RESTAURATION A PROXIMITÉ | PANIER PIQUE-NIQUE | TRANSPORTS DES BAGAGES | ACCOMPAGNEMENT À LA SEMAINE | LOCATION DE CHEVAUX |
|---|---|---|---|---|---|---|---|---|
| ❶ GITE DE LA PÉNIDE<br>TÉL. 71 00 06 76 OU 71 00 01 05 | 29 pers. | Pré+18 places en box ou stalles | ● | ● | ● | ● | ● | ● |
| ❷ GÎTE DE MÉDEYROLLES<br>TÉL. 73 95 94 63 | 18 pers. | Pré + 5 stalles | ● | | | | | |
| ❸ GÎTE DU MOULIN DU ROURE<br>TÉL. 73 95 41 94 OU 73 95 80 73 | 12 pers. | Pré + 8 stalles | | ● | | ● | ● | |
| ❹ LE JAS DU MAS<br>TÉL. 73 95 80 65 | 16 pers. en gite, 10 en chambre | Pré | ● | | ● | ● | | |
| ❺ CHÂLET DE LA ROCHE<br>TÉL. 73 95 23 35 | 24 pers. | 6 box | ● | | | ● | ● | |
| ❻ GÎTE PAIN ET SEL<br>TÉL. 73 72 31 59 | 20 pers. | Pré + 6 stalles + 4 box | ● | | ● | ● | | |
| ❼ GÎTE DE L'AIRE<br>TÉL. 73 95 72 02 | 8 pers. | Pré + 6 box | ● | | ● | ● | | |
| ❽ GÎTE DE ST-BONNET-LE-CHASTEL<br>TÉL. 73 72 50 49 | 15 pers. | Pré | ● | | ● | ● | | |

# INDEX

## INDEX DES NOMS DE LIEUX

| | |
|---|---|
| ALLEBASSES (montagne des) | 20-21 |
| ALLÈGRE | 80-82-83-88 |
| AMBERT | 10 à 14-20-21-34 à 37-41 à 46 |
| ANCE (vallée de l') | 15 à 17-20-21 |
| AUBUSSON-D'AUVERGNE | 21-95 à 97 |
| AUGEROLLES | 96 à 98 |
| AUSSEDAT (L') | 60 |
| AUTEYRAS | 68-70 |
| AUZELLES | 25 |
| BAR (MONT) | 15-83 |
| BAS LIVRADOIS | 18-19 |
| BEAUNE-SUR-ARZON | 80-85-86 |
| BEAUX (LES) | 56-60 |
| BILLOM | 18-19-67 |
| BOISSEROLES | 40 |
| BONNEVAL | 80-86 |
| BRUGERON (LE) | 90-92-94-95 |
| CELLES-SUR-DUROLLE | 100-101-105 |
| CHAISE-DIEU (LA) | 17-80 à 83-86 à 89 |
| CHALET-DE-LA-ROCHE | 52-56 à 58-60 |
| CHAMBEYRAC | 83-84 |
| CHAMÉANE | 78-79 |
| CHAVAROT | 71 |
| CHOMELIX | 80-83-85 |
| CHOMY | 41-43-47-48-49 |
| COMTÉ (LA) | 20-66-67 |
| COPPEL | 66-69 |
| COURDELOUP (puy de) | 70 |
| CRAPONNE-SUR-ARZON | 13 |
| CROIZAT | 67 |
| CUNLHAT | 12-24 à 26-28-29-31 |
| DEVÈS | 15 à 17 |
| DORE (vallée de la) | 11 à 13-15-20-21-36-38-43-44-94-96 |
| DORETTE (vallée de la) | 80-81-86 |
| DUROLLE (vallée de la) | 12-99-100-105 |
| ÉGLISENEUVE-PRÈS-BILLOM | 66 à 68-70-72 |
| ESTANDEUIL | 71 |
| FAYE (LA) | 95 |
| FEUILLE (LA) | 29 |
| FOSSAT (vallée et croix du) | 13-15-54 à 56-62 |
| FOURCHES (col des) | 18-19-29-40 |
| GENESTE (LA) | 76 |
| GENILHAT | 98 |
| GRANGES (le bois des) | 62-63 |
| GRIMARDIES (LES) | 96-97 |
| GRIPEL (LE) | 60-62-92 |
| HAUT LIVRADOIS | 18-19 |
| HAUTES CHAUMES | 14-20-21-47-50 à 52-59 |
| ISSERTEAUX | 69-70 |
| JAS-DU-MAS (LE) | 47-48-49-52-54-55 |
| JOB | 51-63 |
| JULLIANGES | 81 |
| LAGAT | 41-44 |
| LÉOBARD (château de) | 70 |
| LIMAGNE (plaine de la) | 66-72-81 |
| LUC | 104-105 |
| MADET (vallée du) | 68-70 |
| MALAGUET (lac de) | 80 |
| MARAT | 60 à 63-90 à 93 |
| MAURES (étang des) | 69-70 |
| MAUZUN (château de) | 18-19-66-67-68-71-72 |
| MINE (LA) | 32 |
| MONNERIE-LE-MONTEL (LA) | 100-101 |
| MONESTIER (LE) | 36-37-40 |
| MONLET | 88 |
| MONTGUERLHE (château de) | 105 |
| MONTMORIN | 18-19-67-68-70 |
| NOUARAT | 41-43-44 |
| OLLIERGUES | 12-24-26-27-58-61-63-90-91-97-98 |
| PAILHAT | 11 |
| PETIT-VIMAL | 41-43-44-45 |
| PIERRE-SUR-HAUTE | 17-20-21-47-56 |
| PRADEAUX (LES) | 48-49 |
| RABISSAY | 102-103 |
| RICHARD-DE-BAS | 14-41-43-44 |
| ROCHE-BRUNES | 60-62-63 |
| ROCHE-SAVINE | 37 |
| ROUETS (vallée de) | 104-105 |
| SAINT-AMANT-ROCHE-SAVINE | 18-19-29-31-32-34-36-37-40 |
| SAINT-ÉLOY-LA-GLACIÈRE | 40 |
| SAINT-ÉTIENNE-SUR-USSON | 75-77 |
| SAINT-GERVAIS-SOUS-MEYMONT | 26-107 |
| SAINT-JEAN-DES-OLLIÈRES | 66-67-70 |
| SAINT-MARTIN-DES-OLMES | 44 |
| SAINT-PIERRE-LA-BOURLHONNE | 62-63 |
| SAINT-QUENTIN-SUR-SAUXILLANGES | 78 |
| SAINTE-AGATHE | 101-102-103-105 |
| SAUXILLANGES | 73-74-75-77-79 |
| SEMBADEL | 80-81-88 |
| SÉNOUIRE (vallée de la) | 15-81 |
| SUPEYRES (col des) | 18-19-54-55-56 |
| THIERS | 10 à 14-99 à 105 |
| TOURS-SUR-MEYMONT | 25 à 28 |
| VALCIVIÈRES | 51 |
| VAULX (château de) | 102-103-104 |
| VELAY | 15-16-17-81 |
| VERNET-LA-VARENNE (LE) | 73-76-77-78 |
| VERTOLAYE (vallée de) | 13-62-63 |
| VIC-LE-COMTE | 67 |

## INDEX THÉMATIQUE
### des encadrés et des textes

**Architecture, Habitat**
| | |
|---|---|
| Fermes | 92-93-106 |
| Jasseries | 52-53-55 |
| Pisé | 38-39 |

**Économie, Tourisme, Genres de vie**
| | |
|---|---|
| Agriculture | 9 à 11 |
| Démographie | 10 |
| Développement économique | 9 à 11-14 |
| Estive | 10-58-59 |
| Industrie | 10-11-13-46-90-91-98 |
| Tourisme équestre | 108-109 |
| Train touristique | 14 |
| Verger conservatoire | 25 |

**Géographie, Géologie, Environnement**
| | |
|---|---|
| Faune, Avifaune | 28-33-50-62-98 |
| Forêt | 9-11-29-30-62-81 à 83 |
| Géologie | 15 à 17-79-81-94-95-104-105 |
| Paysages | 18 à 21 |
| Rivières (moules perlières, saumons) | 85-96 |
| Végétation (Hautes Chaumes et tourbières) | 47-50-51 |

**Histoire, Patrimoine historique**
| | |
|---|---|
| Abbayes et histoire religieuse | 73-89 |
| Bourgs anciens | 41-42-73-74-83 |
| Châteaux forts | 66-67-72 |
| Histoire des mentalités | 9 à 11-14 |
| Littérature et hommes célèbres | 35-74-75 |

**Histoire industrielle, Métiers anciens**
| | |
|---|---|
| Carte des métiers | 12-13 |
| Chapelets | 44-45 |
| Coutellerie | 12-99 à 101 |
| "Fabriques" et usines | 10-11 |
| Métallurgie | 13-80 |
| Métiers forestiers (verre, bois, charbon) | 13-40-63-80-81 |
| Mines | 32-80 |
| Papeterie | 12-14-44-45 |
| Textile | 24-25-71 |
| Tresse et câble | 44 à 46 |

*Chemin près de Montboissier. -PNRLF-*

# BIBLIOGRAPHIE

Association «Le Pays Thiernois», *Le Pays thiernois et son histoire,* n° 7, Thiers, 1986.

BOY M., *Ambert, deux mille ans d'histoire,* Limoges, 1983.

BREUILLÉ L., DUMAS R., ONDET R., TRAPON P., *Maisons paysannes et vie traditionnelle en Auvergne,* Créer, Nonette, 1981.

*Canton de Billom, Puy-de-Dôme,* Images du patrimoine n° 95, Inventaire général d'Auvergne, Clermont-Ferrand, 1991.

DELMAS B. et PRIVAL M., *Espaces pastoraux, Habitat d'estive, Chemins de transhumance, Savoir-Faire fromagers, l'Exemple du Cantal et du Forez,* in *Des Régions Paysannes aux Espaces Fragiles,* CERAMAC, Clermont-Ferrand, 1992.

FEL A., *Les Hautes terres du Massif central,* Faculté des Lettres de Clermont-Ferrand, PUF, 1962.

FOURNIER M. et TANNEAU J., *Processus d'industrialisation dans les montagnes de l'est auvergnat,* revue «Le Fil» n° 16, Le Puy, 1992.

GACHON L., *Les Limagnes du sud et leurs bordures montagneuses,* 1939, Laffite Reprints, 1980.

GACHON L., *Maria,* G. de Bussac, Clermont-Ferrand, 1969 (rééd.).

GAUSSIN P.-R., *Huit siècles d'histoire : l'Abbaye de La Chaise-Dieu,* Watel, Brioude, 1967.

HUGON D., PARISET C., JAMOT C., *Guide découverte Scientifique, Technique et Économique de d'Auvergne,* Maison de l'Innovation, Clermont-Ferrand, 1991.

JAFFEUX M. et PRIVAL M., *Artisans et Métiers d'Auvergne «Bourbonnais, Limousin, Rouergue»,* Société d'ethnographie du Limousin, de la Marche et des régions voisines, Limoges, 1976.

JEANNET J., PIGNAL B., POLLET G., SCARATO P., *Pisé, patrimoine, restauration, technique d'avenir,* Créer, Nonette, 1992.

LA GALIPOTE, *Le Pays thiernois. Une «auvergne» dans l'Auvergne,* n° 71, Vertaizon, 1992.

*Lettre du Parc (La),* bulletin d'informations du Parc Naturel Régional Livradois-Forez.

MARTY J.-P., *La Maison rurale en Auvergne,* tome I, La Basse-Auvergne, Créer, Nonette, 1977.

MAZATAUD P., *Géopolitique de l'Auvergne,* Fayard - Créer.

MAZATAUD P., BANY P. et BERTRAND É. (et al.), *Auvergne, Bourbonnais, Velay* (coll. Guides Bleus), Hachette, Paris, 1992.

MONDANEL P., *L'ancienne batellerie de l'Allier et de la Dore,* Clermont-Ferrand, 1975 (rééd.).

*Montagne Bourbonnaise, Bois-Noirs, Monts de la Madeleine, 28 circuits de petite randonnée,* Chamina, Clermont-Ferrand, 1987.

*Monts du Livradois-Forez, 60 circuits de petite randonnée,* Chamina, Clermont-Ferrand, 1994.

PLANCHE F., *Durolle - Au pays des Couteliers,* Éditions Canope, Cournon-d'Auvergne, 1986.

POURRAT H., *Ceux d'Auvergne,* Albin Michel, 1952.

POURRAT H., *Les Vaillances, farces et aventures de Gaspard des Montagnes,* Albin Michel, 1976 (rééd.) et Livre de Poche.

PRIVAL M. et JAFFEUX M., *Des métiers racontés,* Créer, Nonette, 1981.

*Revue d'Auvergne,* Tome 107 n° 1-2, Les Hautes Chaumes du Forez.

RICARD M.-C., *Le pays de Sauxillanges* (coll. Voir et Savoir), Chamina, 1988.

RICARD M.-C., *Thiers* (coll. Voir et Savoir), Chamina, 1990.

**BP 436 - 63012 Clermont-Fd Cedex 1**

Copyright ISBN n° 2-904460-58-6 - Dépôt légal 1er trimestre 1995

La loi du 11 mars 1957 n'autorisant, aux termes des alinéas 2 et 3 de l'article 14, d'une part, que les copies ou reproductions strictement réservées à l'usage privé du copiste et non destinées à une utilisation collective, et, d'autre part, que les analyses et courtes citations dans un but d'exemple et d'illustration, toute représentation, ou reproduction intégrale ou partielle, faite sans le consentement de l'auteur, de ces ayants droit ou ayants cause, est illicite (alinéa 1er de l'Article 40). Cette représentation ou reproduction, par quelque procédé que ce soit, constituerait donc une contrefaçon sanctionnée par les Articles 425 et suivants du Code Pénal. La reproduction des extraits de cartes figurant dans cet ouvrage est autorisée par l'Institut Géographique National.

**Responsabilités** : Les indications fournies dans le présent ouvrage : itinéraires, hébergements, ressources sont exactes au moment de son édition. Les modifications pouvant intervenir par la suite sur le terrain ne pourraient en aucun cas engager la responsabilité des auteurs ni celle de l'association Chamina. Il en est de même pour les accidents de toute nature pouvant survenir aux utilisateurs lors de leurs randonnées. Néanmoins toutes remarques ou observations qui seraient formulées seront examinées avec attention.